Le miracle au cœur de l'ordinaire

Collection « À présent »
dirigée par
François-David Sebbah

Collection soutenue
par la plateforme « Philosophies et technique »
de l'EA Costech
de l'Université de Technologie de Compiègne

Maquette de couverture : Michel Denis

© Éditions Les Belles Lettres, 2019
collection « encre marine »
ISBN : 978-2-35088-156-0

Hent de Vries

Le miracle
au cœur de l'ordinaire

encre marine

À la mémoire de Stanley Cavell (1926-2018)

Sommaire

Remerciements

$\mathcal{L}$ES CHAPITRES qui vont suivre ont été présentés pour certains comme conférences ou lors de séminaires aux États-Unis et en France. Quelques-uns ont déjà été publiés dans une première version. Cela dit, toutes ces contributions ont été largement modifiées et adaptées pour le livre que l'on va lire[1]. Le chapitre 6, le plus récent, résulte d'une conférence à l'invitation de Sandra Laugier et Philippe Büttgen au Centre de philosophie contemporaine (PhiCo), Université de Paris I, Panthéon-Sorbonne, en mai 2017. Ce chapitre est issu d'une discussion de Stanley Cavell produite d'une part dans un texte paru en anglais[2] et, d'autre part, dans un chapitre consacré au perfectionnisme moral nord-américain et publié dans un volume collectif[3]. Les chapitres 1 et 2 datent

---

1. Livre en complément duquel on pourra lire *Miracles et métaphysique*, qui paraîtra aux Puf, et qui réunira les six leçons données en mars 2018 dans le cadre de la Chaire de Métaphysique Étienne Gilson de l'Institut catholique de Paris.
2. « "The Greatest Miracle" : Stanley Cavell, Moral Perfectionism and the Ascent into the Ordinary », *Modern Theology*, 27:3 July 2011, 462-477.
3. « Le miracle au centre de l'ordinaire : le théologique-politique dans le "moral perfectionism" nord-américain », *Dieu et la cité : le statut contemporain du théologico-politique*, éd. Philippe Capelle, Paris, Les Éditions du Cerf, 2008, p. 185-200.

de quelques étapes préliminaires des réflexions, exposées lors du séminaire que j'ai conduit lorsque j'étais Directeur de Programme au Collège International de Philosophie, de 2007 à 2013. Les excursus I et II sont parus dans des traductions allemandes[1]. Le chapitre 8 a connu une première publication en français[2]. L'*Excursus III* est extrait d'un essai initialement publié en anglais, puis traduit en français[3]. Un autre essai publié en français, que nous n'avons malheureusement pas pu inclure ici, mérite d'être mentionné dans ce contexte[4].

Que mes hôtes et les éditeurs soient remerciés pour leur générosité, suggestions critiques et la permission d'utiliser les matériaux en question qui sont pour cette occasion largement révisés et rédigés en vue de l'argument central de ce petit livre. Je sais gré aussi de l'assistance lucide que j'ai reçu en plusieurs étapes de traduction et de rédaction de la part de Marlène Jouan, Loumia Ferhat et Gabriel Briex.

Hent de Vries
Paris-New York, janvier-avril 2018

1. « Whitman und Wunder », in Natascha Adamowski and Nicole Gess, eds., *Archeologie der Spezialeffekte*, Fink Verlag, 2017, p. 61-87 ; « Das Wunder des tanzenden Balls. Walter Benjamins mechanischer Mystizismus », trans. Caroline Sauter, in Kyung-Ho Cha, ed., *Aura und Experiment. Naturwissenschaft und Technik bei Walter Benjamin*, Vienna and Berlin, Verlag Turia + Kant, 2017, p. 135-155.

2. « Les deux sources de la machine théologique : Une note sur Derrida et Bergson », *Cahiers de l'Herne,* Paris, 2004 p. 255-260.

3. « Spinoza, Levinas, and the Theologico-Political Meaning of Scripture », *Political Theologies: Public Religions in the Post-Secular World*, ed. Hent de Vries and Lawrence E. Sullivan, New York, Fordham University Press, 2006, p. 232-248.

4. « Une "nouvelle conception du miracle" – Partie I. Sari Nusseibeh, al-Ghazali, Avicenne, et l'idée de la foi laïque », in Aline Alterman, Henri Cohen-Solal, and Lucy Nusseibeh, eds., *Une philosophie à l'épreuve de paix. Penser le conflit israélo-palestinien*, Paris, Éditions Mimésis, 2016, p. 109-137, et « Partie II. Sari Nusseibeh, le conflit israélo-palestinien et la politique de la foi laïque », in *ibid.*, p. 169-194.

Introduction

$\mathcal{E}$ST-CE QUE DES MIRACLES se produisent encore ? S'en est-il jamais *produit*, à strictement parler ? Le cas échéant, qu'est-ce qui dans le passé les a rendus possibles, sinon nécessaires, et qu'en est-il maintenant, dans la modernité et aujourd'hui même ? Qu'est-ce qui leur permettait et, maintenant, les autorise ou les laisse encore avoir lieu et se révéler ou se montrer en réalité, véritablement, pour ce qu'ils sont, c'est-à-dire des événements singuliers, des effets sans causes déterminantes et déterminables, sans raisons suffisantes et, en ce sens, uniques et spéciaux, venant pour ainsi dire de nulle part ?

Inversement, qu'est-ce qui les a empêchés de se matérialiser assez pour devenir des parties intégrantes de notre vocabulaire moderne et scientifique ? Devrions-nous en conclure que les miracles et la croyance au miracle ne sont plus disponibles comme réalité expérientielle ou même option existentielle pour nous ? Qu'est-ce qui a changé depuis que les premières rumeurs ou visions de miracles ont atteint nos yeux et nos oreilles, ou depuis que les poètes et les cinéastes les ont ré-imaginées ou reconfigurés ?

Autrement dit : qu'est-ce qui, précisément, devrait les caractériser ou les définir – c'est-à-dire les constituer et les expliquer – historiquement et conceptuellement, et aussi technologiquement et perceptiblement, affectivement et effectivement parlant – pour qu'ils acquièrent une actualité, ou simplement ne serait-ce que pour nous interrompre, interpeller et réorienter ? Qu'est-ce qui, en d'autres termes, fait perdre aux miracles leur pure idéalité et, comme diraient certains, leur virtualité, qu'est-ce qui les fait ainsi devenir de vrais phénomènes – que nous pouvons qualifier de « saturés » ou « négatifs » (la différence importe peu), ou en tout cas des « événements » et des « effets » (non-causés et, en ce sens, spéciaux) avec lesquels il nous faut compter, peut-être, de plus en plus ? Et, pour peu que l'on pense que des miracles se produisent (encore ou à nouveau), qu'est-ce qui pourrait leur donner leur force et leur signification (peut-être même la force d'un argument voire, qui sait, du « meilleur argument ») à notre époque actuelle ? Une époque qui semble parfois marquée par un manque d'imagination et une impuissance à trouver ou inventer des manières inédites et alternatives d'expérimenter et d'évaluer les mots utilisés et les choses mêmes, pour ensuite juger et agir en conséquence.

Pour compliquer encore davantage ces questions : est-ce que les médias contemporains, avec leurs technologies d'information et de communication, facilitent et favorisent les événements dits miraculeux ? Et, conjointement, est-ce qu'il y a une croyance en de tels événements qui soit engendrée et non seulement diffusée, renforcée ou affaiblie, par ces événements mêmes ? Est-ce que les dispositifs médiatiques en propageant les expressions et les signes d'un passé immémorial, d'une archive inépuisable, les traitent comme des véhicules autant que comme des obstacles à la foi révélée ou historique ?

Ou bien est-ce que l'invention et l'emploi de nouveaux médias ont au contraire contribué – notamment en raison de leur pouvoir de simulation qui ne cesse de s'accroître, de la soi-disant pure artificialité de leurs effets spéciaux technologiques – à la quasi-obsolescence des phénomènes religieux, en tant que tels, ainsi que des témoignages de ces phénomènes (plutôt qu'ils ne les ont, par exemple, disséminés encore plus efficacement, en laissant leurs messages prétendument authentiques et leurs significations pleinement intacts) ? Qu'est-ce que gagnent et/ou perdent les miracles et la croyance au miracle, pour autant qu'ils gagnent ou perdent quoi que ce soit, en étant ainsi partagés et mis en circulation, diffusés et disséminés ?

Enfin, en quoi ces questions éclairent-elles le rôle – public ou, plutôt, global – persistant ou croissant de la religion et de son imaginaire, en ce qu'elle informe et infléchit les domaines politique, juridique et institutionnel selon les modalités les plus englobantes et intensives qui soient, et cependant, dans le même temps, étrangement insaisissables ? Les « événements » aujourd'hui sont, sinon produits *ab initio* par des « effets » médiatiques et parfois assez « spéciaux », du moins propagés – réitérés et ainsi changés par ces derniers. Ont-ils dès lors une quelconque ressemblance et résonance avec le phénomène miraculeux et la croyance au miracle de jadis ? Sont-ils devenus inséparables et impossibles à distinguer de ces derniers ? Ou est-ce que tous ces phénomènes sont désespérément – et, devrions-nous peut-être ajouter : heureusement – entrelacés, en facilitant et exprimant le pire et le meilleur alternativement et, parfois, en même temps ?

Quoi qu'il en soit, la notion de miracle et les multiples manières dont la croyance au miracle a été conceptualisée peuvent nous aider à comprendre au moins deux phénomènes contemporains. Premièrement, elles aident à comprendre les rapports de plus en plus complexes entre, d'une part, les véritables événements de la vie quotidienne – qu'elle soit privée, publique ou politique – événements que l'on considère trop souvent comme purement donnés, absolument spontanés, naturels – et, d'autre part, ceux qui relèvent du domaine de la fabrication, de l'artificiel et du calculé, technologique et médiatique. Ces phénomènes posent des questions à la fois conceptuelles (métaphysiques, théologiques et ontologiques), pratiques (éthiques, politiques et juridiques), et esthétiques (iconographiques). Deuxièmement, elles permettent de saisir le lien structural entre les irruptions de la religion dans l'espace public mondialisé et les nouvelles technologies de la communication (l'internet, les blogs, la télévision, la téléphonie numérique et par satellite, etc.). Et c'est pour analyser ce rapport entre le religieux et le médiatique, le théologique et le technologique, que l'on devrait prendre comme fil conducteur la question du lien entre les « miracles » et les « effets spéciaux ». Pour le faire, il faudrait explorer l'idée que, d'une part, toute interprétation phénoménologique des « effets spéciaux » doit se situer dans le contexte de la tradition religieuse, notamment celle des débats autour du miracle et que, d'autre part, « les miracles » ont toujours été pensés, dans cette même tradition, par rapport à une certaine « mécanicité », « automaticité » ou « technicité », autrement dit, ils ont été pensés comme des effets « média-tiques ». Il s'agit, finalement, de montrer comment tous ces phénomènes se croisent et s'entremêlent pour se demander ensuite dans quelle mesure ils renvoient à une configuration virtuelle et spirituelle insolite.

Mais pour commencer, qu'est-ce qu'un miracle, un effet spécial, un événement, une expérience spirituelle, dans nos vies individuelles et collectives, existentielles et politiques ?

I. – *Les miracles*

Originellement – dans la pensée de la Grèce antique (qu'il s'agisse de mythe ou de tragédie, de philosophie ou de théologie) – le miracle était simplement considéré comme un événement ou un effet frappant, sidérant. Pour le dire un peu paradoxalement, le miracle consistait simplement, dans ses premières formulations occidentales, en un événement qui est cause d'étonnement, tandis que la croyance au miracle n'est rien d'autre que la stupéfaction ou la stupeur qui frappait les auditeurs, les lecteurs et les spectateurs, ne serait-ce que temporairement, alors que leur monde était perturbé par un phénomène qui ne met pas nécessairement en question tout ce qu'ils savaient ou tout ce à quoi ils s'attendaient, mais présente les choses sous un jour singulier, extraordinaire, en bref complètement nouveau.

C'est seulement avec l'émergence de la conception moderne de la loi naturelle, avec le postulat d'une prédiction (et non d'une providence et d'une prophétie divine) et, qui plus est, d'une détermination universelles et sans exception (et non d'une liberté divine ou, en termes plus modernes, d'une liberté de la volonté), que le miracle et la croyance au miracle lancent de formidables défis à la pensée scientifique et politique. Et c'est à cette époque-là que leur signification théologique et leur portée philosophique connaissent une élaboration beaucoup plus systématique qui à son tour prépare une nouvelle compréhension de ce qui constitue un fait, une évidence, voire une objectivité, dans un sens strict. À partir de là, les miracles et la croyance aux miracles sont de plus en plus tournés en ridicule, à moins qu'on interroge, qu'on use et qu'on abuse de leur potentiel sémantique non moins que rhétorique, visuel et affectif, pour fournir des témoignages plausibles d'un ordre soi-disant supérieur, voire nécessairement sur-naturel et supra-rationnel. On voit ainsi émerger toute une différenciation entre les *miracula*, d'une part, et le *mirabilia* ou les émerveillements et les prodiges, d'autre part ; différentiation qui se trace à travers une autre distinction encore, celle des signes qui seraient *supra*, *contra* ou *praeter naturam*.

Voltaire, dans l'un des lemmes de son *Dictionnaire philosophique*, restitue en partie la variation et l'ambiguïté historique de la référence du terme « miracle », à savoir le fait que nous pouvons considérer son occurrence ou événement comme un phénomène spécial parmi d'autres, se disputant notre étonnement, ou aussi comme une vraie exception présumée aux lois naturelles – et ainsi une violation de ces mêmes lois – qui gouvernent l'univers depuis l'aube de sa création, de ses origines cosmiques plutôt.

La première conception est ancienne, gréco-romaine et biblique, et voit les miracles comme un acte *spécial* de grâce ou d'assistance divine, mais qui se produit au sein de l'ordre naturel – créé – des choses. C'est l'interprétation qui domine chez les Pères de l'Église et chez les scolastiques médiévaux majeurs, depuis saint Augustin jusqu'à saint Thomas d'Aquin, puis qui culmine chez Blaise Pascal.

La seconde approche – qui, aux yeux de Voltaire, est davantage une « idée reçue » – est propre au concept moderne et scientifique, qui conçoit le miracle comme une *exception* au schéma causal qui gouverne l'expérience commune et l'expérimentation scientifique, c'est-à-dire comme l'autre ou l'opposé du mécanisme (ou de ce que nous appellerions maintenant le déterminisme, le naturalisme, le « cadre immanent », comme le dit Charles Taylor dans *A Secular Age*[1]). Ainsi défini comme une cause non-causée d'un ordre surnaturel, un ordre qui doit nous rester inintelligible, le miracle contredit un concept cohérent de l'entendement et de la volonté de Dieu, ou au contraire est appréhendé comme le signe certain de la doctrine théologique selon laquelle à Dieu seulement apparemment absolument rien n'est en fait « impossible ». Mais en rappelant la co-existence et co-dépendance de l'émergence du miracle, d'une part, et notre *admiratio* (ou, diront d'autres, *horreur*), d'autre part, Voltaire va plus loin, ainsi anticipant une intuition que nous étudierons dans l'exemple du poète Américain Walt Whitman dans ce qui suit :

> Un miracle, selon l'énergie du mot, est une chose admirable. En ce cas, tout est miracle. L'ordre prodigieux de la nature, la rotation de cent millions de globes autour d'un million de soleils, l'activité de la lumière, la vie des animaux sont des miracles perpétuels.

---

1. Charles Taylor, *L'Âge séculier*, Paris, Le Seuil, 2011.

Selon les idées reçues, nous appelons miracle la violation de ces lois divines et éternelles. Qu'il y ait une éclipse de soleil pendant la pleine lune, qu'un mort fasse à pied deux lieues de chemin en portant sa tête entre ses bras, nous appelons cela un miracle[1].

Comment cette conception assez récente – résolument moderne et proprement philosophique – a-t-elle pu s'établir comme la réception dominante du miracle et de la croyance aux miracles, réception qui en fait une affaire surnaturelle avant tout ? Qu'est-ce qu'elle présupposait et quelles ont été ses conséquences ? Et, avec toutes les fissures qui apparaissent dans le plafond de verre du « cadre immanent » qui caractérise ce qu'on appelle « l'âge laïque », peut-on vraiment s'attendre à ce qu'une nouvelle conception du miracle – disons post-laïque, celle d'un miracle qui soit « partout » sans être pour autant naturaliste, sur-naturaliste, anti-naturaliste –, anticipée avec force ici et là, refasse néanmoins surface et, peut-être retienne même de plus en plus notre attention ? Un miracle « virtuel » dont les traits minimaux n'en diminuent pas ses effets maximaux, voire globaux, mais, tout au contraire, définissent une profondeur métaphysique et une ampleur pragmatique dont les aspects existentiels et politiques nous hantent, étrangement, plus qu'ils nous inspirent (comme ils devraient le faire au moins autant) ?

Ironiquement, mais pour des raisons rigoureuses, une telle réapparition du miraculeux signalerait notre capacité à puiser une fois de plus, si ce n'est pas pour la première fois, dans une archive virtuelle qui est beaucoup moins

---

1. Voltaire, *Dictionnaire philosophique*, Paris, GF-Flammarion, 1964, p. 289.

laïque que religieuse, théologique et spirituelle ; l'archive d'un passé immémorial et absolu dont le « profond jadis » se distancie toujours de nos efforts conceptuels et discursifs pour en définir et déterminer le « sens », pour en vérifier même l'« existence », même « réaliste », ce qui pourrait bien donner, un jour, une nouvelle direction à notre enquête – théorique et spéculative autant que pragmatique – à propos du soi-disant « réalisme ». De cette archive les conceptions et les arguments de saint Paul, de saint Augustin, de saint Thomas d'Aquin et de Pascal constituent une partie importante, on l'a dit, et devraient faire jeu égal face aux voix de leurs détracteurs, comme Spinoza et Hume, Kant et Feuerbach (pour nous limiter aux penseurs qui semblent les plus directement pertinents pour notre propos). Et des penseurs qui échappent à ces antipodes mériteraient d'être considérés comme faisant intégralement partie du même dispositif qui n'a rien perdu de son actualité contemporaine et a davantage à nous offrir que nous ne le pensions auparavant. La portée du miracle post-laïque ne serait plus affirmée dans un style de pensée sur-naturaliste, ni dénié avec un pathos naturaliste. Elle ne ferait partie ni d'une continuation de l'ordre créé, ni de son interruption ou exception totale. Au contraire, avec son intelligence plus expansive et indulgente du caractère spécial du quotidien, du naturel comme surnaturel, du transcendant comme immanent, pour le dire paradoxalement, le miracle à nouveau spécial, sans retourner aux conceptions théologiques des Pères de l'Église ou aux conciles et encycliques doctrinales ecclésiales, s'étendrait plus loin (au-delà du cadre sacré-profane), et remonterait en même temps plus en avant dans les profondeurs inépuisables d'un passé (virtuel, absolu, voire pur) jusqu'à maintenant oublié, nié et/ou refoulé.

Mais arrêtons-nous sur une délimitation plus étroite des miracles et de la croyance au miracle, une délimitation qui, à première vue, semble dissiper une partie des ambiguïtés terminologiques constatées jusqu'ici, relatives notamment à la différenciation historique entre le *miraculum* et le *mirabilium*. Cette différenciation recouvre en partie, et en partie seulement, cette autre tension analytique moderne qui reste à interpréter, celle qui vaut entre le caractère *spécial* et le caractère *exceptionnel* de l'événement présumé. Le premier caractère qualifie, évalue et utilise la nature et ses lois, les faits et l'état des choses dans une perspective non-naturaliste ; le second postule une suspension de toute loi établie et future en affirmant une vérité surnaturelle et arbitraire qui ne se laisse ni vérifier ni justifier à long terme (une « impossibilité » qui ne pourra jamais devenir une nécessité pour nous). Au seuil de sa recension d'une large série d'exemples de miracles et de croyances au miracle issus de l'histoire des religions du monde, Kenneth Woodward, dans son *Livre des miracles*, éprouve à juste titre le besoin de partir de ce qu'il nomme une « définition de travail ». Cette définition mérite ici d'être analysée brièvement, ne serait-ce que pour prendre la mesure de la distance croissante qui la sépare de l'ensemble du spectre des phénomènes singuliers et des modalités qu'elle est censée couvrir, même sans parler déjà des formes et des éléments ultérieurs que nous avons maintenant de bonnes raisons d'associer également aux miracles et à la croyance au miracle : des « événements », en termes ontologiques et politiques, des « effets spéciaux », au sens médiatique et affectifs de cette dernière expression plus récente. Comme l'écrit Woodward :

> Un miracle est un événement inhabituel ou extraordinaire que d'autres peuvent en principe percevoir, qui ne trouve pas d'explication raisonnable dans les capacités humaines ordinaires ou dans les forces connues qui opèrent dans le monde spatio-temporel, et qui est le produit d'un acte spécial de Dieu ou des dieux ou d'êtres humains qui se sont eux-mêmes transformés par l'ascétisme et la médiation[1].

Les modalisateurs « inhabituel » et « extraordinaire » ainsi que la référence aux « capacités humaines ordinaires » et aux « forces connues » laissent une place pour deux interprétations du miracle en termes de spécialité et d'exception, et nous permettent ainsi de couvrir une large gamme de phénomènes qui pourraient en principe être décrits comme miraculeux plutôt que simplement merveilleux (et la distance entre ces deux termes n'est pas sans pertinence pour notre propos). Cependant, la référence à l'existence présumée de Dieu ou des dieux ainsi qu'à des comportements divins rétrécit à nouveau le champ et semble exclure les phénomènes que d'autres auteurs comme Walt Whitman et Walter Benjamin, parmi de nombreux autres, avait précisément à l'esprit (et, on va le voir, que notre incursion dans le territoire des effets spéciaux ainsi que dans la philosophie politique inspirée par l'occasionnalisme des théologiens musulmans du Moyen Âge élargit encore beaucoup plus).

Woodward poursuit en introduisant deux autres conditions : en premier lieu, il ne faudrait pas confondre

---

1. Kenneth L. Woodward, *The Book of Miracles: The Meaning of Miracle Stories in Christianity, Judaism, Buddhism, Hinduism, and Islam*, New York, London, Simon & Schuster, 2000, p. 28.

l'accomplissement du miracle et la croyance aux miracles avec les opérations de la *magie* ; en second lieu, pour que les miracles et la croyance aux miracles soient davantage qu'un langage de signes simplement arbitraire, il leur faut un *cadre de justification* – théologique ou narratif – qui leur donne leur signification et toute leur importance. Ce sont là deux mises en garde qui mériteraient d'être davantage examinées (ce qui signifie qu'il ne faudrait peut-être pas les prendre pour argent comptant). Pour des raisons d'économie je reporte ces examens à deux excursus qui suivent plus bas : le premier en discutant Walter Benjamin et son récit « Rastelli raconte… » qui semble mélanger magie et miracle (chapitre 5), le second en confrontant deux types d'exégèse des Écritures bibliques selon des principes pour ainsi dire transcendants et immanents, représentés ici par les noms propres d'Emmanuel Levinas et Baruch de Spinoza (chapitre 7).

Ce qui nous intéresse dans ces deux exemples c'est le « fait » étrange et quelque peu troublant que les miracles, au moins aujourd'hui – mais ces phénomènes s'annoncent bien avant, dans l'Antiquité comme au Moyen Âge, et dans les débuts de l'ère moderne – occupent à peu près le même espace, conceptuellement et empiriquement, psychologiquement et, en particulier, politiquement parlant. C'est sur le plan manifeste, révélé ou phénoménologique, voire public, que les *miracula* (les vrais et les faux miracles) et les *mirabilia* (les merveilles, les signes, les puissances divines et les prodiges), d'une part, et les effets d'artifice, dits spéciaux, d'autre part, semblent s'entremêler et se ressembler, indépendamment de leurs origines, contextes et inspirations, pour ne rien dire de leurs structures intentionnelles ou de leurs tendances téléologiques.

Dans la plupart des deux cas, perceptiblement parlant et de façon expérientielle, on ne peut pas se soustraire à l'impression qu'un effet illusoire, une imagination projective ou même quelque *spin* que l'on introduit dans une suite d'actions représentées (et pas seulement comme filmées ou mises en scènes) s'ajoute pendant n'importe quel « traitement » de n'importe quel type d'information et *a fortiori* dans la constitution des événements mêmes (et pas seulement en forme d'une « fabrique du consentement », pour reprendre le titre d'un ouvrage célèbre de Noam Chomsky). Comme les miracles d'autrefois, ces événements modernes et leurs effets contemporains échappent à leur cause supposée, de même qu'ils se dérobent à leur impact voulu ou intentionnel.

Il y a une raison simple pour laquelle ce mélange et cette confusion sont toujours possibles. Aucun événement, donc aucun miracle, voire aucun effet dit spécial – si nous faisons un moment abstraction de la doctrine imputant le miracle directement à Dieu lui-même (ou aussi indirectement à quelque autre intermédiaire divin, par exemple, les anges, les saints) – n'est jamais pleinement en maîtrise de sa signification, de sa force. Sans origine déterminée et déterminable, sans *télos* et hors de toute intentionnalité, l'efficacité du miracle est, par définition, incertaine et de toute façon disproportionnée par rapport à sa cause et sa situation ou sa condition de possibilité supposée. Sans *Sitz im Leben* proprement dite, le miracle, comme l'événement et l'effet vraiment spécial, vient de nulle part, philosophiquement parlant, et ainsi ressemble à et continue la création *ex nihilo* – en écho au premier miracle, « subsistant », qui est le cosmos ou l'univers même – sans le savoir, sans le vouloir, sans pouvoir. En tant qu'êtres humains nous ne pouvons jamais, à strictement parler, être auteurs de miracles, d'événements et des vrais effets spéciaux, c'est-à-dire leur donner naissance, les initier, vouloir les « faire » en tant que tels. Et pourquoi justement ou dans quel sens précis, Dieu et les anges, les prophètes et les apôtres, les saints ou d'autres intermédiaires spirituels encore, feraient-ils exception à cette règle qui est une logique de l'imprévu total, de l'improbabilité infinie ou de l'impossibilité absolue ?

Le plus que l'on peut dire c'est que, dans la mesure où il s'agit d'un acte de foi ou d'un pur pari, la croyance que nous attachons aux miracles, aux événements ou même aux effets spéciaux (pris ici comme phénomènes médiatiques et génériques) conserve un élément irréductiblement passif et passionnel. En tant qu'effet dit « perlocutoire » cherchant à reproduire ou instiller cette foi chez d'autres – ou, par extension, dans une communauté, une nation ou un État, voire dans une association transnationale –, cette croyance au miracle consiste en ce que Stanley Cavell (avec et contre J. L. Austin) et d'autres philosophes contemporains comme Jean-Luc Marion (pour sa part avec et au-delà de Cavell) ont défini comme un « énoncé passionné ». Un tel énoncé n'a pas de critères pour son « succès » qui soient prédéterminés voire déterminables une fois pour toutes. Il reste à déterminer et à recevoir ainsi qu'interpréter ou appliquer dans une *admiratio* qui en révèle le sens et la persistance.

Les miracles sont « spéciaux » parce qu'ils occupent ou opèrent dans le même espace – et, souvent, au même rythme improbable, voire impossible – que celui des événements politiques et des effets médiatiques dont l'histoire moderne des révolutions ainsi que l'archive des inventions techniques en photographie et cinéma, télévision et vidéo depuis la fin du XIXe siècle qui dépend de principes et procédés beaucoup plus anciens, nous offre de nombreux exemples révélateurs. Et c'est l'interférence entre ces trois phénomènes et leurs différents registres théorétiques et pratiques (miracles, événements, effets spéciaux) qui a sans doute facilité, presque appelé, le retour ou la résurgence de la « religion » que l'expression « religion globale » cherche à transmettre de manière économique. Que les théologies classiques du miracle et de la croyance aux miracles, les philosophies modernes de l'événement, et les théories contemporaines des médias nous apprennent à mieux comprendre, interpréter ou lire, les « signes des temps », en mobilisant des concepts et des images, des styles de rhétorique ainsi que des rituels qui n'ont rien perdu de leur actualité ou pertinence bien que nous les considérions en tant qu'éléments d'une archive virtuelle témoignant d'un passé immémorial (absolu et pur, pour ainsi dire), devrait nous convaincre une fois pour toutes de leur apport décisif.

Définies à un niveau des plus profonds, la « religion globale » et les archives théologiques et théologiques-politiques qu'elle a à nouveau (ou, peut-être, vraiment pour la première fois) ouvertes, nous aideront à faire face à l'ensemble des significations possibles du terme ou de l'expression « effet spécial » et des éléments qui en font partie, à savoir, la référence à quelque occurrence non-anticipée ou non-naturelle (et, dans ce sens précis, « spéciale ») ainsi qu'à une efficacité étrange caractérisée par une modalité et une temporalité singulières : un « effet » qui a lieu et est possible seulement « après coup » bien que sans cause efficiente, c'est-à-dire déterminée déterminante. En somme, il nous semble de plus en plus clairement que nous ne pouvons pas comprendre ni gérer ce tourbillon de sens, des significations et des forces, sans nous tourner vers la tradition de fait plus vaste et profonde des miracles et de la croyance aux miracles que la philosophie autant que la théologie occidentale ont parfois eu une grande difficulté à recevoir et encore plus à affirmer et élaborer.

Peut-être qu'il a été un temps pendant lequel il était nécessaire, sage et stratégique, d'étudier soigneusement le mécanisme et la technologie dans leurs propres termes respectifs, à l'aide seulement d'explications naturalistes et immanentes. Peut-être étions-nous autrefois tenus de penser séparément le *mécanisme* (avec son industrie, sa technologie, son expansion téléologique, voire exponentielle, etc., mais aussi son automatisme statique et clos, pour ainsi dire) et, pour reprendre un autre terme du dernier Henri Bergson, le *mysticisme* (avec sa dynamique, son ouverture, son évolution créatrice ainsi que son invention). En effet, ces deux termes et tout ce qu'ils conjuguent ont toujours été et demeurent conceptuellement et analytiquement distincts, c'est-à-dire différents non pas *en degré* mais précisément *en nature*. Cependant, ne pas se soucier de leur rapport – jusqu'à la confusion, l'interchangeabilité et par conséquent la substitution potentielle ou mieux virtuelle de l'un à l'autre – ne paraît plus être une option envisageable pour nous, en ce moment, là où nous nous trouvons actuellement dans notre monde « global ».

Nous savons maintenant avec beaucoup plus d'intensité que les deux sources de la morale et de la religion comme Bergson les nomme dans le titre de son « testament philosophique » qui date de 1932, produisent différents courants qui ne sont pas tant séparés ou parallèles que confluents, mêlés. Autrement dit, le mécanisme et le mysticisme (ou, pour notre propos, les effets technologiques et miraculeux, les événements médiatiques et leurs contreparties politiques) peuvent en venir à se ressembler et se renforcer, de telle sorte que nous ne sommes plus autorisés à distinguer entre la production ou la reproduction artificielle et technologique d'un côté, et l'authentique nouveauté (c'est-à-dire crée, révélée et inspirée) de l'autre. Chacune peut mener à l'autre, représenter l'autre, si bien qu'il est impossible de déterminer, sur des fondements critériologiques (ou, en l'occurrence, sur n'importe quel fondement) fermes, qui est quoi ou bien où l'une finit et où l'autre commence.

Qui nous le dira, alors, si rien ne le fait par soi-même ? Rien ne semble pouvoir se passer que par un conditionnement mutuel qui n'est plus pensable dans les registres classiques et modernes de la philosophie (qu'elle soit définie comme « transcendantale » ou « causale » ou reformulée dans des termes probabilistes et computationnels, systématiques, structuraux, ou même beaucoup plus complexes). Devrions-nous examiner les miracles, les événements et les effets spéciaux dans leur conjonction actuelle, en interprétant chacun de ces phénomènes – anciens, modernes et contemporains – dans les termes, pour ainsi dire, de l'autre ? Et pouvons-nous le faire sans invoquer immédiatement le concept d'intervention divine – de volonté et de providence divines –, que ce soit dans sa formulation théiste classique ou dans un de ses équivalents ou substituts historiques (et ils sont nombreux) ? Ou bien est-ce que cette conjonction nous transporte par elle-même dans un domaine conceptuel, normatif et (si nous pouvons toujours nous exprimer ainsi) existentiel qu'on décrirait mieux comme post-théiste – et, peut-être, post-laïque – plutôt que, disons, post-métaphysique, notamment parce qu'il déracine notre postulat bien trop assuré que l'histoire des idées et des affects, y compris de leurs usages pragmatiques et de leurs effets, progresse de façon linéaire et, par conséquent, voue notre passé à reculer dans une certaine obsolescence, dans des archives toujours virtuellement ou absolument présentes mais privées de vie ? Aucune hypothèse ne serait plus périlleuse là où nous nous trouvons en ce moment de l'ère où les motifs et motivations d'un passé immémorial commencent à nouveau à constituer une vraie archive depuis laquelle tous les dispositifs, y compris toutes nos intentions et toutes les institutions culturelles, politiques et juridiques, se définissent et se réalisent dans le savoir ultime de leur contingence, c'est-à-dire de leur faillibilité et de leur perfectibilité. Leur lot sera d'être toujours provisionnels plutôt que providentiels : en d'autres mots, en affirmant leur existence indéterminée et indéterminable ou, comme le disait Jacques Derrida de la « démocratie » dans son idée et pratique même, toujours encore « à venir ». Par contre, même si l'on caractérise les événements et les effets miraculeux spéciaux dans le sens proposé ici, où ils sont sans anticipation, délibération ou même interprétation possible – laissant à l'exégèse et l'*admiratio* toute responsabilité d'en *faire sens*, d'en faire une vérité (comme le *veritatem facere* de saint Augustin le prescrit) – ils sont néanmoins en quelque sorte là ; ils sont *virtuellement* plus que *matériellement* déjà là, avant nous, comme des *faits accomplis*, des *objets trouvés* (comme l'a remarqué à juste titre Jean-Luc Marion dans son *Étant donné*[1]), dont une pragmatique métaphysiquement profonde seulement peut rendre compte en choisissant le bon usage et en évitant tous les abus qui s'imposent facilement.

---

1. Jean-Luc Marion, *Étant donné. Essai d'une phénoménologie de la donation*, Paris, Presses Universitaires de France, 1997.

2. – *Les événements*

*L*ES MIRACLES, loin d'être obsolètes, constituent une *archive* théorétique ainsi que pratique, imaginative, et affective immense, absolue ou virtuelle, dont nous sommes loin d'avoir épuisé la signification et l'ampleur. Sa force a des effets indéterminés qui néanmoins réorientent nos efforts individuels et collectifs en ce qui concerne les intuitions qui les guident et les passions (joyeuses et tristes) qu'ils inspirent toujours. Dans ce sens on peut parler d'une « courbure » de « l'espace de raisons » autant que de « l'espace social », voire privé et public, en analogie formelle et concrète avec l'observation d'Emmanuel Levinas par rapport à l'éthique ou plus précisément l'éthique de l'éthique (ou encore dans son idiome, le « désintéressement » même dans la dimension « intersubjective » qui nous constitue ou plutôt nous hante à présent et à travers toutes les générations humaines).

Mais qu'est-ce qui constitue, exactement, la connexion et l'analogie non-triviale (intrinsèque et essentielle, formelle et structurelle) – le « lien » et la « résonance » ou « l'interférence » ou encore, comme on est peut-être maintenant tenté de dire, « l'interface » – entre les événements que nous considérons comme politiques et les miracles que nous traitons si souvent comme exclusivement religieux, voire comme relevant d'un registre strictement théologique ? Et entre cette connexion particulière (interprétant les miracles en tant qu'événements politiques ou les événements politiques en tant que miracles), d'une part, et le champ sans doute beaucoup plus large et, peut-être, intensif qui nous occupe davantage ces dernières décennies au moins, celui des effets médiatiques spéciaux ? Qu'est-ce qui, en d'autres termes, produit le recouvrement partiel, la dépendance mutuelle, l'interchangeabilité de principe, entre ces différents registres – théologique et soi-disant prosaïque, laïque ou technologique – que le projet philosophique de la modernité a si désespérément cherché à démêler et maintenir séparés, alors qu'il bannissait les miracles du cœur vers la périphérie de ses grandes controverses sur, d'abord, la religion naturelle, puis la religion philosophique et, enfin, la religion politique ou, aujourd'hui, la religion globale ? Et qu'est-ce que la philosophie moderne (qu'elle soit analytique ou phénoménologie, la différence importe peu) a oublié alors qu'elle prétendait également expliquer et évaluer les « événements » dans leurs propres termes (c'est-à-dire sans évoquer la religion et la théologie, encore moins l'artificialité et la technicité) ? Le vocabulaire et l'imagerie des miracles et de la croyance au miracle doivent-ils être simplement pris comme métaphores pleines et simples, comme les signes d'un accord ou d'une approbation, comme l'aspect positif des phénomènes du monde naturel-objectif-phénoménal, voire du monde de la vie sans qu'ils clarifient quelque chose de l'ordre affectif et conceptuel ? Ou le discours du miracle ne revient-il pas à mettre un point d'interrogation à côté du point d'exclamation avec lequel, indéniablement, il fait ressortir certaines choses, certains êtres et certains événements plutôt que d'autres ?

Rien de tout cela ne serait possible s'il n'y avait pas une ressemblance ou une analogie même un peu plus que formelle entre les miracles et les événements d'un côté et de l'autre la structure de répétition – et donc, d'automaticité et de mécanicité – que les technologies, anciennes mais surtout nouvelles, ont fini par présenter et représenter, même indépendamment de leur capacité à inventer et produire ou, est-on tenté de dire, à créer quelque chose d'absolument inattendu, qui soit hors de l'ordinaire et inhabituel et dans ce sens « spécial ».

À l'âge de l'information, c'est-à-dire de la communication mobile des réseaux numériques et maintenant sans fil, notre expérience du temps et de l'espace subit des changements quantitatifs et surtout qualitatifs profonds. En effet, les destinataires ou les récepteurs des messages, anciens et nouveaux, sont maintenant en position d'être également leurs expéditeurs (y compris pour s'adresser des messages à eux-mêmes), puisque « envoyer » et « recevoir » deviennent virtuellement identique ou interchangeable, pour peu que les « citoyens numériques » soient capables d'acquérir et d'« intégrer » la « logique procédurale » sur laquelle s'appuient les réseaux d'information, des « activités symétriques et co-impliquées »[1]. En fait, cette réciprocité ou simultanéité

---

1. Bernard Stiegler, « Memory », avec une « Introduction » de Mark B. N. Hanssen, dans W. J. T. Mitchell et Mark B. N. Hanssen, éds., *Critical Terms for Media Studies*, Chicago/Londres, The University of Chicago Press, 2010, p. 64-87, 64.

constitue l'avantage décisif des médias numériques sur et contre les précédents médias de masse, dont les modalités de transmission (radio, cinéma, et télévision) plaçaient leurs auditeurs dans une « posture passive de réception »[1].

Qu'est-ce qui, alors, explique la présence actuelle, et même l'explosion et la diffusion-dissémination exponentielles, des « énoncés passionnés » et de ce qu'on appelle leurs effets « perlocutoires » que l'on peut caractériser comme les modes discursifs et pragmatiques des miracles contemporains ainsi que de leur *admiratio* (si ce n'est pas leur *terror* et *horror*) pour ainsi dire coextensive ? Et dans quelle mesure est-ce que la philosophie dite du langage ordinaire nous livre les concepts et catégories, sinon les critères, pour déchiffrer la signification et la force de leur « situation totale » (pour citer J. L. Austin dans son étude maintenant classique, les conférences *How To Do Things With Words* [*Quand dire, c'est faire*], qui forment le point de départ, avec les *Philosophische Untersuchungen* [*Recherches philosophiques*] de Ludwig Wittgenstein, de Stanley Cavell dans son interprétation de « l'extraordinaire de l'ordinaire ») ?

Il nous faudrait sans doute, pour répondre à ces questions, embrasser un large spectre de textes historiques et de phénomènes actuels qui ont marqué et en effet continuent de marquer ce qu'on appelle trop vite ou bien l'âge laïque ou bien la société mondiale post-laïque, en lui lançant des défis que nous aurions en principe dû prévoir et anticiper mais qui maintenant nous tombent sur la tête ou, moins souvent, nous « viennent à l'idée » (comme aurait pu le

---

1. *Ibid.*, p. 65.

dire Emmanuel Levinas). Étant donné que les catégories théologiques comme celles de la providence divine ou de la prophétie biblique et la prédiction eschatologique ou apocalyptique ne semblent plus à notre disposition, et ne l'ont peut-être jamais vraiment été, nous sommes les mains vides par rapport à ce qui ne peut que nous surprendre pour le bien et pour le pire.

Ce sont donc là des questions de nature pas seulement existentielles ou éthiques mais surtout théologiques-politiques – ou, comme je l'ai suggéré, de nature indéniablement métaphysique quoique profondément pragmatique – même si elles nous invitent, nous poussent et (comme cela devient de plus en plus clair chaque jour qui passe) nous obligent, et même souvent nous forcent violemment, à considérer et explorer ce qui vient avant, autour et au-delà de ces catégories historiques et de leurs analogues (le messianisme, la loi, la spiritualité, la souveraineté, le *corpus mysticum*, le destin manifeste, la communauté, l'immunité, la bio-politique, etc.).

En effet, il pourrait bien être urgent un jour d'abandonner le mot composé du « théologico-politique » et ses parties constitutives, à savoir le théologique et le politique (ou la politique), comme on a pu le faire avec tant de termes analogues, en jetant un peu plus le doute, ce faisant, sur le concept (culturel et disciplinaire et déjà hautement contesté) qui régit leur conjonction, sinon leur signification historique et interne – c'est-à-dire, la « religion »[1]. C'est un terme

---

1. Voir : *Political Theologies: Public Religions in a Post-Secular World,* éd. Hent de Vries and Lawrence E. Sullivan, New York, Fordham University Press, 2006, 2007 ; *Religion: Beyond A Concept,* éd. Hent de Vries, *The Future of the Religious Past,* vol. 1, New York, Fordham University Press, 2008.

qui ne va pas de soi et sert d'indice à une question ouverte plutôt qu'un domaine précis, comme son association avec l'infini ou l'absolu nous le rappelle déjà directement et indirectement. Il se pourrait alors qu'il y ait une place, un jour, pour « une religion au-delà du concept », au-delà du concept que nous connaissons trop bien ainsi qu'au-delà du domaine du conceptuel – c'est-à-dire, de n'importe quel concept – *stricto sensu*.

Explorer l'archive religieuse nous permet de devenir ou redevenir familiers de modèles de raisonnement et d'imagination, d'action et d'expression qui, dans le monde laïque, sont loin d'être épuisés et ce en dépit des proclamations naturalistes et laïques qui disent le contraire. Cela implique d'exploiter les ressources et les dispositifs (les traditions et les rituels pour ne pas dire les sanctuaires) qui, paradoxalement, semblent seulement maintenant, dans un âge de médias sans cesse inédits, libérer leur force inexorable, vitale, et bien trop souvent toujours violente, tandis qu'ils contribuent à inaugurer un régime historique alternatif dont nous n'avons pas encore commencé à sonder, sans parler d'explorer et d'utiliser comme il le faudrait, les contours métaphysiques plus larges ou les *profondeurs pragmatiquement de plus en plus pertinentes*.

En somme, les miracles modèlent les événements autant qu'ils sont modelés par – et d'après – eux. Et les événements se manifestent désormais comme des effets quasi spéciaux, comme une sorte de quasi-miracles – sans cause efficiente, en tout cas sans cause visiblement déterminante ou déterminable. Avant de donner quelques exemples poignants de cette dynamique et de cette ouverture vers plusieurs dimensions des phénomènes (miracles, événements) qui nous importent vraiment, voire de plus en plus – même s'ils restent indéchiffrables et parfois insupportables dans leur mode d'exister ou d'in-exister même – il est nécessaire d'esquisser les contours minimaux des soi-disant « effets » médiatiques ou « spéciaux ». Leur histoire et leur concept s'étendent du *deus ex machina* des anciens jusqu'à l'automate spirituel de Spinoza et Leibniz et trouvent un point de culmination provisoire dans le motif de Bergson auquel il nous faudra revenir plus longuement (« l'univers est une machine à faire des dieux »).

3 – *Les effets spéciaux*

Un « EFFET SPÉCIAL », selon le dictionnaire *American Webster's*, est « un effet souvent illusoire introduit dans un film au cours du montage ». Cette définition restitue certainement la connotation la plus courante du terme mais, plus largement, on peut également considérer comme effets spéciaux toutes ces illusions produites par des moyens optiques et mécaniques pas seulement par le cinéma et la télévision, mais aussi par le théâtre et le divertissement, les jeux électroniques et les décors de la réalité virtuelle, le design industriel et les modèles technologiques militaires, afin de simuler une perception et une sensation de choses qui, strictement parlant, ne sont pas là (ou au moins pas vues, pas entendues, pas senties). En ce sens, l'ontologie des effets spéciaux ressemble à celle de la « présence artificielle » que ladite « théorie de l'image » analyse avec force dans ces descriptions phénoménologiques et autres.

Les effets spéciaux font partie intégrante de cette longue tradition qui a cherché à imiter la nature, une tradition qui remonte jusqu'au peintre grec Zeuxis qui, au Vᵉ siècle av. J.-C., peignait des raisins d'une manière si convaincante que les oiseaux affluèrent pour les manger sur la vigne peinte. Comme le note un commentateur remarquable dans ce contexte, Lev Manovich, dans son livre, devenu un classique, *The Language of New Media* : « Les raisins peints par Zeuxis symbolis[aient] son habileté à créer une nature vivante à partir de la matière inanimée de la peinture[1]. » Mais c'est surtout l'imitation de la « chair humaine », Manovich continue, qui a toujours constitué une tâche plus stimulante – et, en vérité, est devenue « l'icône » même de la « mimesis » esthétique traditionnelle. Cette ambition ne motive pas seulement une longue histoire de création de la vie inanimée (à partir d'automates, de golems, de poupées, d'avatars, jusqu'à l'intelligence artificielle et la robotique du XXᵉ siècle), elle est aussi devenue un test crucial pour toutes les images générées par ordinateur au cinéma et dans d'autres médias. Comme Manovich le fait observer : « tout au long de l'histoire de l'animation par ordinateur, la simulation du visage humain a servi d'étalon pour mesurer les progrès dans l'ensemble du champ »[2]. Mais il y avait également d'autres « signes privilégiés de réalisme » dans l'industrie des images de synthèse : les images d'une « nature mouvante », restituant à l'état pur l'animation du vent et de la fumée, des vagues et du feu, toutes censées manquer dans la photographie, et considérées de plus

---

1. Lev Manovich, *The Language of New Media*, Cambridge et Londres, MIT Press, 2001, p. 195, cf. p. 177.
2. *Ibid.*, p. 196.

comme représentant « l'indice même du mouvement réel, naturel »[1].

De nos jours, nous montre Manovich, il existe en effet des « bibliothèques » entièrement en réseau où l'on peut trouver « des modèles tout prêts » et des « animations complètes » ; en bref, il existe « un marché entier dédié aux ensembles virtuels » qui, pour partie, reflètent les besoins et les demandes du complexe militaro-industriel[2]. Autrement dit, certains programmes requièrent que l'on construise sa propre « réalité » de mondes virtuels et d'avatars, pour ainsi dire « en partant de rien » ; alors qu'au contraire, « derrière la liberté de surface c'est, à un niveau plus profond, la standardisation qui règne »[3]. Et, en un sens, il se peut que cette standardisation corresponde à ce que le public a depuis longtemps intériorisé à la suite de ces pressions historiques et empiriques (économiques, militaires, etc.). Nous en avons eu l'expérience de plus en plus intime et troublante en observant le fait que notre monde est global en dépit de son dynamisme et son ouverture apparente, et ainsi il peut également et trop facilement se présenter à nous à travers un tunnel dans lequel toutes nos perceptions sont diminuées et réduites à ce que nous pensions connaître et apprécier – voire admirer – toujours déjà. C'est ainsi que le nouveau et l'immédiat se bloquent, paradoxalement, par leur diffusion ou dissémination à plus haute vitesse, sans bornes, soumis à aucune autre loi que celle de leur prolifération en tant que telle, *bit by bit, byte by byte*. Qui plus est, l'Internet n'est plus la zone démocratique de liberté existentielle et

---

1. *Ibid.*
2. *Ibid.*, p. 197, cf. p. 196.
3. *Ibid.*, p. 197.

politique sans limite pour l'échange d'informations par tous et pour tous, partout et à tout moment voulu ; en fait, on assiste à une croissante « balkanisation » de l'espace virtuel, comme les récents heurts – et, n'oublions pas, les collaborations initiales – de Yahoo et Microsoft avec, respectivement, les autorités chinoises et russes l'ont clairement démontré, ainsi que l'abus par Facebook de la confiance concernant la protection des informations privées de millions de ses utilisateurs aux États-Unis pendant les élections présidentielles les plus récentes. Tandis que notre réalité se virtualise, la dimension virtuelle se trouve confrontée à des réalités sociales, politiques et même géopolitiques.

Il y a un correctif important à apporter au tableau des progrès linéaires du numérique en direction du « réalisme » à proprement parler, ou de manière figurée. Comme l'observe Manovich :

> Ce que l'imagerie infographique a (presque) atteint ce n'est pas le réalisme, mais plutôt seulement le *photo-réalisme* – la capacité à contrefaire non pas notre expérience perceptuelle et corporelle de la réalité mais seulement son image photographique. […] Et si nous pensons peut-être que l'imagerie numérique est parvenue à contrefaire la réalité, c'est parce que, au cours des cent cinquante dernières années, nous avons fini par accepter l'image de la photographie et du cinéma comme la réalité[1].

Un Bergson, un Heidegger ou un Wittgenstein, voire un Richard Rorty, ne l'aurait pas mieux caractérisé. Ce qu'il nous faut, par conséquent, c'est repenser le « réalisme » et en fournir une nouvelle définition pour notre temps – une tâche loin d'être aisée, étant donné les transformations accélérées

---

1. *Ibid.*, p. 200.

qui sont prises dans des mouvements centrifuges autant que centripètes. Dans les termes de Manovich et se limitant ici à la question du « réalisme visuel » pour commencer :

> Alors que l'image de synthèse en 3-D est de plus en plus massivement utilisée dans la culture visuelle contemporaine, la question du réalisme doit être étudiée à nouveau frais. Et si de nombreuses théories développées en rapport avec le cinéma restent valables quand on les applique à l'image de synthèse, on ne peut tenir dogmatiquement aucun concept ni aucun modèle pour acquis. Redéfinissant les concepts mêmes de représentation, d'illusion et de simulation, les nouveaux médias lancent un défi à notre compréhension des nouvelles manières dont fonctionne le réalisme visuel[1].

Manovich ne laisse planer aucun doute sur le fait que non seulement les nouveaux médias ont accompli quelque chose dont le succès se mesure simplement à sa correspondance avec les critères établis par les médias précédents, comme la photographie et le cinéma (plutôt qu'avec « notre expérience perceptuelle et corporelle de la réalité ») qui sont de plus en plus adéquatement imités, avec des délais inévitables ; mais qu'ils révèlent également un autre décalage, du côté cette fois de notre « compréhension » des nouvelles formes et des nouveaux cadres dans lesquels l'expérience peut désormais être encastrée :

> Au XXᵉ siècle, les nouvelles technologies de représentation et de simulation se succèdent et se substituent les unes aux autres à un rythme rapide, créant ce faisant un perpétuel décalage entre notre expérience des effets et notre compréhension de cette expérience[2].

---

1. *Ibid.*, p. 198.
2. *Ibid.*

Néanmoins, les écarts duels ou les déficiences qui empêchent le « réalisme de synthèse » de réaliser pleinement son ambition – d'où le constat qu'il n'a fait qu'accomplir, de manière plus limitée, des objectifs déjà anciens (comme le « photo-réalisme »), conjoint au fait que notre « compréhension » de notre expérience aura toujours du retard sur les « effets » de cette expérience même – ne diminuent aucunement les contributions énormes et l'impact global que les technologies informatiques (et, en particulier, l'imagerie de synthèse) ont déjà eu au siècle dernier et en ce début de XXI⁰ siècle. Manovich emploie des termes quasi euphoriques pour revenir à l'essentiel, en évoquant l'aspect religieux, sinon explicitement miraculeux de cette transformation télé-technologique :

> Si notre civilisation possède quoi que ce soit d'équivalent aux cathédrales médiévales, ce sont les effets spéciaux des films hollywoodiens. Ceux-ci sont véritablement épiques à la fois dans leur échelle et dans leur attention aux détails. Assemblé par des centaines de monteurs hautement qualifiés depuis des années, chacun de ces films est le produit du savoir-faire collectif qui est aujourd'hui le nôtre. Mais si les maîtres médiévaux ont laissé derrière eux des prodiges de pierre et de verre inspirés par la foi religieuse, nos artisans ne laissent aujourd'hui que des ensembles de pixels à projeter sur des écrans de cinéma ou à exploiter sur des ordinateurs. Ce sont là des cathédrales immatérielles faites de lumière ; et, à juste titre, elles ont encore souvent des référents religieux, à la fois dans leur histoire […] et dans la grandeur et la transcendance de leurs ensembles virtuels[1].

Maintenant, comment pourrait-on envisager de surmonter les deux écarts et déficiences mentionnés avant ?

---

1. *Ibid.*, p. 201.

Les images numériques ou de synthèse (qu'elles soient immobiles ou mouvantes, la différence importe peu pour notre problème) pourraient-elles devenir autonomes, ne plus être tributaires des images produites par des médias plus anciens comme la photographie et le cinéma, et devenir une virtualité réalisée en fin de compte ? Ou notre compréhension pourrait-elle rattraper son retard et effectivement saisir et théoriser l'expérience – événementielle et, peut-être, miraculeuse (ou au moins d'une certaine manière « encore » religieuse) – que les effets médiatiques nous font éprouver, en relançant tous les doutes sceptiques qui ont auparavant accompagné la tradition de la philosophie surtout moderne ?

Cette mésalliance empêchera-t-elle jamais les nouveaux médias et leurs événements de sombrer dans la fabrication de corrélats tant affectifs qu'intellectuels de notre « monde de la vie », c'est-à-dire du monde tel qu'il nous est donné phénoménologiquement, dans son apparition essentielle ? En bref, les deux apparences – le monde tel que nous le connaissons subjectivement et intersubjectivement d'un côté, et le monde comme « réalité » synthétique et donc illusionniste de l'autre – pourront-elles jamais se recouvrir l'une l'autre ? Autrement dit, est-ce qu'un effet spécial pourrait être à la hauteur de sa propre « réalité » et, par là peut-être, devenir également « réel » pour nous ? Manovitch, dans son livre, semble penser que non.

Mark Hansen dans son livre *New Philosophy for New Media*, quoique pour des raisons différentes qui s'écartent de la position phénoménologique adoptée par Manovich, présume simplement que certaines images (par exemple les images cinématographiques) sont plus « efficaces » que d'autres (par exemple, celles des effets spéciaux produits numériquement) dans l'institution d'une « communication culturelle », ne serait-ce que parce que les premières « possèdent nombre de propriétés en commun avec la perception naturelle » et sont plus « facilement traitées par le cerveau »[1]. Ces images sont plus vivantes, pour ainsi dire, jusqu'au point de devenir virtuellement interchangeables avec la soi-disant « réalité » naturelle ou normale ou institutionnalisée déjà.

Mais devons-nous souscrire à cette hypothèse ou plutôt en tirer la même conclusion ? L'important n'est pas tant que des événements médiatiques numériques comme les effets spéciaux puissent être parfaitement synthétisés ou traités – c'est-à-dire créés et compris – dans leurs propres domaines et leurs propres termes, mais que même là où la similarité entre le phénomène médiatique et « la chose réelle » (ou entre notre expérience de son effet et sa cause ou sa production présumée) est pratiquement complète, leur différence *indéterminable* – c'est-à-dire non-critériologique ou, pour ainsi dire, non-numérique – demeure pleinement intacte et effective. Cependant, nous ne pouvons plus strictement – c'est-à-dire, formellement ou concrètement – distinguer l'image numérique de la chose réelle ou notre compréhension épistémologique de notre expérience de fait. Et nous ne sommes pas dans une meilleure position théorique ou pragmatique lorsqu'il s'agit de juger des miracles ou des événements, y compris la différence ou la nuance entre les deux, pour ne rien dire de la difficulté insurmontable de distinguer ces phénomènes de leurs analogues ou

---

1. *Ibid.*, p. 180.

équivalents apparents que sont les occurrences de plus en plus disparates technologiques et médiatiques, autrement dit, les effets sans causes déterminées ou déterminables, semble-t-il, que sont les soi-disant « effets spéciaux ».

Un exemple littéraire ou plutôt poétique moderne qui est en effet antérieur à la plupart de ces constellations contemporaines ainsi qu'aux efforts pour les comprendre d'un point de vue théorique (ou médiatique) et philoso-phique (ou analytique et phénoménologique) peut nous aider à illustrer ce point.

4. – *Excursus I* :
Les miracles en littérature :
le poème « Miracles » de Walt Whitman

Puisqu'il est possible que le titre et le sujet de ce livre paraissent quelque peu contre-intuitifs, il est important de nous rappeler un poème qui offre au moins une indication de la direction que va prendre notre thèse, même si les mots de ce poème (assez poignant) ne fournissent qu'une partie des raisons qui ont guidé et inspiré cette enquête sur les miracles.

Ce poème, intitulé « Miracles », est de Walt Whitman et avait initialement pour titre « Poème des parfaits miracles », dans l'édition de 1856 de son célèbre recueil *Leaves of Grass* (*Feuilles d'herbe*).

Miracles

Eh quoi, que faites-vous si grand cas d'un miracle ?
Quant à moi, je ne connais rien d'autre que des miracles,
Que je me promène dans les rues de Manhattan,

Ou darde mon regard au-dessus des toits vers le ciel,
Ou marche pieds nus le long de la plage dans la frange même
[de l'eau,
Ou me tienne sous les arbres dans les bois,
Ou cause le jour avec quelqu'un que j'aime, ou dorme la nuit
[dans un lit avec quelqu'un que j'aime,
Ou sois à table à dîner avec les autres,
Ou regarde des inconnus assis face à moi dans le bus,
Ou regarde les abeilles s'affairant un matin d'été autour de la
[ruche,
Ou les bêtes qui paissent dans les champs,
Ou les oiseaux, ou le prodige des insectes dans l'air,
Ou le prodige du soleil couchant, ou des étoiles qui brillent
[d'un éclat si tranquille,
Ou l'exquis, le délicat et mince croissant de la nouvelle lune
[au printemps,
Tout cela et le reste, chacune de ces choses sans exception sont
[pour moi des miracles,
Chacune se rapportant au tout, quoique distincte et à sa place.

Pour moi chaque heure du jour et de la nuit est un miracle,
Chaque centimètre cube de l'espace est un miracle,
Chaque mètre carré de la surface de la terre est couvert de
[miracles,
Chaque parcelle de l'intérieur de la terre pullule de miracles.

Pour moi la mer est un continuel miracle,
Les poissons qui nagent, les rochers, le mouvement des vagues,
les navires avec les hommes à bord,
Y a-t-il plus étranges miracles[1] ?

---

1. Walt Whitman, cité d'après la Norton Critical Edition of Walt Whitman, *Leaves of Grass and Other Writings*, éd. M. Moon, New York/Londres, W.W. Norton & Company, 2002, p. 327 (trad. fr. M. Jouan). Le poème de Whitman avait initialement pour titre, dans l'édition de 1856, « Poème des parfaits miracles » (« Poem of Perfect Miracles »). Voir également Walt Whitman, *Poetry and Prose*, éd. J. Kaplan, New York, Library of America, 1996, p. 513-514.

Le poème de Whitman célèbre la quotidienneté du miracle comme l'incarnation par excellence, c'est-à-dire la figure condensée de la vie moderne dans ses aspects à la fois ordinaires et extraordinaires. En fait, présume Whitman, il n'y a rien de plus « étrange » que ces expériences terre à terre, chacune d'elles pouvant se révéler être un phénomène existentiel de première importance, voire manifester une destinée ou rien de moins qu'un changement historique – à vrai dire, une révolution ou une réforme, une conversion à la fois individuelle et collective des esprits et des cœurs.

En lisant ce poème, cependant, nous sommes immédiatement frappés par le fait qu'il évite totalement de mentionner les miracles et prodiges traditionnels, spirituels ou surnaturels, tandis qu'il ne fait pas non plus explicitement référence aux merveilles de la science et de la technologie (pour lesquelles on aurait pu tout aussi bien recueillir une foule d'exemples historiques et contemporains). Le poème de Whitman esquive les miracles et la croyance au miracle dans leur définition théologique classique et moderne, et se garde bien de mettre sur le même plan d'un côté les « miracles » et de l'autre l'artificialité des effets spéciaux que produisent, à un rythme et une échelle croissants, déjà à son époque, les médias fabriqués par l'homme.

Cependant, il reste une expression forte et, peut-être, une conviction ferme : les vrais miracles peuvent bien se manifester – et, comme on dit, se produire – là où nous les attendions le moins. Nous reviendrons longuement sur ce point.

Il est vrai que les références littéraires aux miracles, pas seulement dans la poésie mais aussi dans les récits de fiction, dans le théâtre antique et le drame moderne, sont trop nombreuses pour être énumérées. Le poème d'Emily Dickinson « Like Some Old Fashion Miracle », « The Miracles » de Rudyard Kipling, « A Miracle for Breakfast » d'Elisabeth Bishop, *Une maison de poupée* d'Henrik Ibsen, et même « Waiting for the Miracle » du compositeur et chanteur Léonard Cohen, sont autant d'exemples dignes de retenir notre attention. Mais le poème de Whitman sort du lot à plus d'un titre. En tout cas, il s'approche selon nous au plus près de ce à quoi une interprétation post-laïque – ou « post-théiste » – du miracle devrait peut-être s'intéresser pour démontrer sa pertinence contemporaine dans des questions philosophiques non moins que théologiques, et à vrai dire politiques non moins que poétiques.

En tant que « poète le plus représentatif de l'Amérique » ayant déclaré, dans la préface de l'édition de 1855 de *Feuilles d'herbe*, que l'Amérique s'était « muée en vie nouvelle de formes nouvelles », Whitman exprime ce que nous pourrions appeler la profondeur métaphysique – et, au sens américain du terme, « transcendantale » – des lieux communs ; parfois aussi les platitudes ou des banalités qui inspirent les « visions démocratiques » [« *democratic vistas* »] des temps modernes, en tant que celles-ci sont basées sur les vertus du peuple, qui comme « des eaux pures s'écoulant à mille mètres de profondeur[1] », forment la source même où puiser de quoi réparer les blessures d'une nation divisée. Whitman n'est pas seulement le « poète [américain] de la vie moderne » (pour reprendre ce que dit Walter Benjamin de Charles Baudelaire), il est le poète de la Guerre civile

---

1. David S. Reynolds, *Walt Whitman's America: A Cultural Biography*, New York, Vintage Books, 1995, p. XII et 149.

et de la Reconstruction, le contemporain et la contrepartie littéraire d'Abraham Lincoln, si l'on veut.

Whitman vivait à une époque qui avait pactisé avec l'optimisme scientifique progressiste du moment et où déferlaient de nouvelles sensibilités religieuses. Les conditions historiques étaient favorables à cette tendance : « l'économie de marché » balbutiante et « la naissance d'une culture écrite de masse » étaient propices à la propagation du « revivalisme religieux » et des « nouvelles religions », dont Whitman s'est immédiatement approprié les illuminations diverses en les investissant dans son propre travail littéraire[1]. Il en résulta « une religion poétique basée sur le progrès de la science et la philosophie idéaliste qui prêchait le miracle du lieu commun et des possibilités de l'âme[2] ». Les exemples abondent dans toute l'œuvre poétique de Whitman comme dans son œuvre en prose – même là où les « miracles » ne sont pas littéralement mentionnés –, les introductions aux *Feuilles d'herbe* étant typiques à cet égard. En ce sens, le poème qui nous intéresse ici ne fait que condenser et, comme je l'ai dit tout à l'heure, illustrer par excellence un thème plus large et une perspective globale, en fait une sorte d'« optique » poético-religieuse.

Mais la conception poétique que Whitman a des miracles – et *a fortiori* le poème qui est précisément intitulé « Miracles » – fait également écho à la « grande controverse sur les miracles » qui était devenue, « pour les protestants des XVIIIe et XIXe siècles, le premier champ de bataille de la querelle théologique », et qui s'était introduite en Amérique – en Nouvelle-Angleterre plus précisément – dans les

1. *Ibid.*, p. 256.
2. *Ibid.*, p. 257, nous soulignons.

années 1830 et 1840[1]. Un commentateur, John Gatta, dans son instructif article « Making Something of Whitman's "Miracles" », nous rappelle les énormes enjeux impliqués :

> Au XVIIIᵉ siècle, le rationalisme déiste et les invocations de la religion naturelle menaçaient d'assécher complètement cette mer de foi déjà réduite qui était toujours aux mains de l'unique autorité de la révélation chrétienne. Bishop Butler et d'autres apologues anglicans firent de leur mieux pour contenir les eaux. Mais malgré l'attaque puissante lancée par Hume à la section X de son *Enquête sur l'entendement humain* (1748), de nombreux hommes d'Église en vinrent à considérer l'argument des miracles et de la prophétie comme leur dernière ligne de défense contre l'absorption totale de la religion révélée dans la loi naturelle.

> Après Hume, cependant, toute tentative pour établir l'autorité spéciale de la révélation judéo-chrétienne sur les bases d'une « preuve » extérieure fournie par les miracles était vouée à l'échec. Excepté à la faveur d'un raisonnement circulaire, on ne pouvait guère s'attendre à ce qu'un non-croyant admette la fiabilité et l'autorité privilégiée des Écritures sur la base d'exploits miraculeux qu'aurait accompli Jésus et rapportés seulement dans les pages de ces mêmes Écritures[2].

Et lorsqu'en Nouvelle-Angleterre, la controverse à propos des miracles s'enflamma entre les unitariens et les transcendantalistes, mettant aux prises Ralph Waldo Emerson et d'autres figures moindres d'un côté, et l'establishment de l'Église et leurs représentants dans les centres

---

1. John Gatta Jr., « Making Something of Whitman's "Miracles" », *Emerson Society Quarterly*, vol. 27, 4ᵉ trimestre, 1981, p. 222-229, 223. J'emprunte l'expression « la grande controverse sur les miracles » à R. M. Burns, *The Great Debate on Miracles: From Joseph Glanvill to David Hume*, Londres/Toronto, Bucknell University Press, 1981.
2. *Ibid.*, p. 223.

universitaires d'études de la Divinité [*Study of the Divinity*] de l'autre, Gatta précise à propos des unitariens conservateurs que :

> Leur bataille était perdue avant de commencer car l'armature qui soutenait leur position sur les miracles, faite d'une logique de la preuve, était insupportable, aussi criblée de contradictions que l'était leur attitude générale envers la nouveauté transcendantaliste[1].

La conception d'Emerson sortait du lot et Whitman avait lu attentivement ce dernier depuis 1854 « au plus tard ». Plusieurs des essais dans lesquels Emerson discute directement des miracles, notamment la « *Divinity School Adress* », « La Nature », et « Confiance en soi [*Self-Reliance*] », devaient lui être familiers. Gatta nous en rappelle les arguments principaux. Dans la « *Divinity School Address* », Emerson dénigre les miracles isolés accomplis par Jésus mais loue en revanche ce dernier pour sa compréhension du miraculeux comme un phénomène, un événement ou un effet, qui est génériquement humain ou, devrait-on peut-être dire, humainement générique. Si Jésus « parlait des miracles », écrit Emerson, c'était seulement car

> il sentait que la vie d'un homme est un miracle, ainsi que tout ce que l'homme fait, et il savait que ce miracle quotidien brille, comme l'homme est divin. Mais le mot même de Miracle,

---

1. *Ibid.* Sur la « controverse des miracles » entre les transcendantalistes et les unitariens, voir Michael J. Colcurcio, « A Better Method of Evidence: The Transcendantal Problem of Faith and Spirit », *Emerson Society Quarterly*, vol. 54, 1969, p. 12-22 ; Barbara L. Packer, *The Transcendentalists*, Athènes/Londres, The University of Georgia Press, 2007 (1re éd. Cambrige University Press, 1995), p. 87 *sq.* ; Williams R. Hutchison, *The Transcendentalist Minister: Church Reform in the New England Renaissance*, New Haven/Londres, Yale University Press, 2005, p. 52-97.

prononcé par les Églises chrétiennes, donne une impression fausse : c'est un Monstre[1].

Dans la même lignée, Emerson écrit dans *La Nature* que « la marque immanquable de la sagesse consiste à voir le miraculeux dans le commun », tandis que l'essai « Confiance en soi » parle du « miracle universel » comme d'un phénomène dans lequel « les miracles mesquins et particuliers disparaissent » ; dans *The Transcendantalist*, enfin, il oppose la croyance au « miracle » à la réduction indigne, par les matérialistes, de tout ce qui existe à des « faits bruts » et des « *sense data* »[2].

Le schéma formel de l'image poétique du miracle que l'on trouve chez Whitman semble ainsi tout à fait à sa place dans les essais et les conférences bien connus d'Emerson, de même qu'il fait écho à d'autres écrits du « mouvement » transcendantaliste, dont les ouvrages, les oraisons et les pamphlets avaient commencé à inonder le paysage intellectuel et spirituel depuis 1836, son « *annus mirabilis* »[3].

Outre la fréquentation directe de l'unitarisme de la Nouvelle-Angleterre et du transcendantalisme américain, on trouve une foule d'influences intellectuelles et littéraires dans l'insistance de Whitman sur « la nature miraculeuse de choses apparemment insignifiantes »[4]. Parmi elles, on

---

1. Ralph Waldo Emerson, cité d'après J. Gatta, « Making Something of Whitman's "Miracles" », art. cité, p. 224.
2. *Id.* (« Confiance en soi », trad. fr. C. Fournier dans S. Laugier (dir.), *La Voix et la vertu*, Paris, Puf, 2010, p. 41-62, 47).
3. B. Packer, *The Transcendantalists*, *op. cit.*, p. 62 *sq.*, 46-61, 277. Je reprends l'expression « *annus mirabilis* » à Perry Miller dans *The Transcendantalists: An Anthology*, Cambridge/Londres, Harvard University Press, 1950, p. 106.
4. D. Reynolds, *Walt Whitman's America*, *op. cit.*, p. 255.

a suggéré celle du *Dictionnaire philosophique* de Voltaire, dont le lemme sur les « Miracles » semble un exemple plus lointain mais néanmoins intéressant de la conception pragmatico-projective du phénomène que Whitman finira par embrasser[1].

De manière plus significative, le romantisme et l'idéalisme allemand, et notamment les écrits de Johan Caspar Lavater, ont aidé Whitman à proclamer vigoureusement et exprimer poétiquement « la nature miraculeuse du monde quotidien »[2]. Certains ont qualifié une telle conception de « mysticisme inversé »[3], d'autres la décrivent plus sobrement en termes laïques. Mais les deux perspectives – l'insistance sur le miracle ou le mysticisme d'un côté, et sur le quotidien de l'autre – ne s'excluent pas l'une l'autre. Loin de là : tel semble être le message central de Whitman.

Quand Whitman lui-même en est venu à considérer *Feuilles d'herbe* comme « la nouvelle Bible » et à prétendre rien de moins « qu'inaugurer une religion », il est devenu d'autant plus clair que ce mélange non confessionnel, cette « interpénétration » et cette « fertilisation croisée » des images du corps et de l'âme, de la matière et de l'esprit – exprimant une « spiritualité physique » ou un « physique spirituel » –, relevaient de tendances et de mouvements plus larges qui définissaient la vie culturelle dans l'Amérique

---

1. Cette influence a été suggérée par Betsy Erkkila dans son ouvrage *Walt Whitman Among the French: Poet and Myth*, Princeton, Princeton University Press, 1980 ; cf. J. Gatta, « Making Something of Whitman's "Miracles" », art. cit., p. 235.

2. D. Reynolds, *Walt Whitman's America*, *op. cit.*, p. 257 ; cf. p. 253.

3. Le terme est de James E. Miller (dans *A Critical Guide to Leaves of Grass*, Chicago, The University of Chicago Press, 1957), cité d'après D. Reynolds, *ibid.*, p. 235.

du milieu du XIXe siècle. Nombre de ces mouvements ont laissé des traces dans une grande partie de la pensée des XXe et XXIe siècles, dans leurs sensibilités quotidiennes ainsi que dans les idiomes et les images, les rythmes et les récits, nouvellement inventés ou récemment adaptés, qui sont venus peupler et populariser la philosophie et l'éloquence politique, la prose littéraire et la poésie, le mélodrame hollywoodien et la culture pop, etc.[1].

À quoi ressemble cette « réalité physique » dans le contexte du poème « Miracles » et celui des écrits dans lesquels il s'inscrit, ou qui lui font écho de manière plus ou moins immédiate ou lointaine ?

Dans la voix singulière de Whitman, les images du quotidien qu'il trouve et redécouvre – autrement dit qu'il crée, et en tout cas qu'il choisit – « s'écoulent rapidement des détails de la vie végétale ou animale aux parties du corps humain jusqu'à balayer des visions de différents espaces-temps, auxquelles se joignent souvent des attestations de l'harmonie de l'univers créé par Dieu »[2]. Whitman avait trouvé confirmation de cela dans plusieurs sources scientifiques qu'il connaissait bien. La littérature savante nous informe, par exemple, de l'étude classique de William Paley parue en 1802, intitulé *Natural Theology*, que Whitman lit dans la nouvelle édition américaine de 1847. Il considérait l'ouvrage de Paley comme une systématisation du dit « argument du dessein » divin, résumant « la grande harmonie d'objectif manifeste dans la structure et les mouvements des mondes, [...] manifeste – à nos yeux de manière aussi

---

1. *Ibid.*, p. 235.
2. *Ibid.*

prodigieuse – dans la structure et l'architecture des animaux et autres abondances de vie »[1].

Il y avait aussi l'ouvrage en plusieurs volumes d'Alexander von Humboldt, *Kosmos: Entwurf einer physichen Weltbeschreibung* (*Cosmos : Esquisse d'une description physique de l'univers*), publié entre 1845 et 1850, auquel Whitman a consacré un poème intitulé « Kosmos » (« *Cosmos* »), dont il retint le titre dans la célèbre « auto-identification » du poème « Chanson de moi-même » (« *Song of Myself* ») : « Walt Whitman, un américain, un voyou, un cosmos » : et, un peu plus loin : « Walt Whitman, un Kosmos, de Manhattan le fils ». « Cosmos » désignait pour Humboldt comme pour Whitman le sens historiquement réfléchi d'un ordre infiniment divers quoique fondamentalement harmonieux, dont les êtres humains constituaient le sommet même. Mais alors, dans la pure tradition transcendantaliste ou morale perfectionniste – et dans l'anticipation indéniable du pragmatisme qui trouverait sa voie bien plus tard –, Whitman pensait du moins cet ordre cosmique comme un ordre fondamentalement « démocratique » et ce, à vrai dire, de la base jusqu'au sommet.

S'appuyant sur les connaissances qu'il avait tirées de l'ouvrage de Justus Liebig paru en 1810 sous le titre *Die Chemie in ihrer Anwendung auf Agricultur und Physiologie* (*La chimie dans son application à la physiologie et l'agriculture*), dont la traduction américaine fut publiée en 1847 sous les éloges de la critique, Whitman (qui s'était confondu en louanges dans une recension de l'ouvrage) insista, comme l'un de ses biographes le résume judicieusement, sur le fait que

---

1. Whitman, cité d'après *ibid.*, p. 242.

même si tout était matière, la nature se régénère constamment elle-même et convertit la mort en vie par le jeu d'une transformation chimique. Il était courant, chez les scientifiques de l'époque, d'insister sur le caractère cyclique de toutes les choses naturelles. Liebig a validé cette idée grâce à l'étude des composants chimiques transférés. Quand un organisme se décompose, ses atomes sont chimiquement recombinés, donnant immédiatement naissance, en ses propres termes, « à une autre configuration des atomes du corps, c'est-à-dire à la production d'un composant qui auparavant n'existait pas en lui ». Tous les trente ans, estimait-il, près d'un billion de gens et plusieurs billions d'animaux mourraient et étaient absorbés dans la terre. Leurs atomes se transféraient à la terre, aux roches, et aux diverses espèces végétales, dont les atomes devenaient à leur tour la source d'une nouvelle vie. […]

Il semblait y avoir, par conséquent, une résurrection permanente et un échange démocratique de substances inhérents à la nature[1].

Cette idée peut aujourd'hui nous sembler bizarre, contre-intuitive, et peut-être même légèrement immorale. Mais elle fait écho à une conviction scientifique, philosophique et au fond théologique beaucoup plus ancienne, qui remonte aux atomistes grecs, à leurs interprètes islamiques médiévaux, aux occasionnalistes chrétiens de la première modernité, et aux matérialistes spéculatifs plus tardifs : tous étaient amateurs de miracles, de la croyance au miracle, et de leurs équivalents fonctionnels.

Il n'y a pas de meilleure expression de cet « atomisme » démocratique, que Whitman emprunte à cette longue tradition – certes plutôt hétérogène –, que les célèbres vers

---

1. *Ibid.*, p. 240. Voir également Mark Noble, « Whitman's Atom and the Crisis of Materiality in the Early Leaves of Grass », *American Literature*, vol. 81, n° 2, juin 2009, p. 253-279.

qui ouvrent son poème « Chanson de moi-même » : « Je me célèbre moi-même, me chante moi-même, / Toi tu assumeras tout ce que j'assumerai, / Car les atomes qui sont les miens ne t'appartiennent pas moins[1]. » Pas de confirmation plus révélatrice de son intuition centrale que sa déclaration, pas moins célèbre, que « je contiens la multitude ».

Comme si souvent dans l'histoire de l'imagination occidentale, c'est paradoxalement, dans le cas de Whitman, le recours même à des formes scientifiques plus ou moins rigoureuses de naturalisme – atomisme et matérialisme, mécanisme et automatisme – qui permet à des rêveries quasi théologiques et des tropes théologiques d'émerger et de resurgir, de s'épanouir et de recevoir leur profil distinctif (ici progressif et libérateur, là à nouveau régressif, pour ne pas dire réactionnaire). Ceci n'est nulle part plus clair que là où les miracles et les croyances au miracle sont en jeu et deviennent l'expression – ou les véhicules – de cette médiation, dont l'effet le plus remarquable est, en quelque sorte, une nouvelle immédiateté des choses (des êtres, des événements).

Dans le cas de Whitman comme chez tant d'autres, les miracles démontrent que le rapport entre foi et connaissance, rituel et savoir-faire – plus largement, entre la religion et la modernité ou encore la laïcité et toutes les tendances historiques aussi bien que culturelles, économiques, technologiques et médiatiques sur lesquelles elle s'appuie – n'est guère un jeu à somme nulle. Ce n'est pas parce que l'un s'accroît que l'autre décroît. La religion et ce que l'on présume être son autre naturaliste ne se tiennent pas dans

---

1. Whitman, *Feuilles d'herbe*, trad. fr. Jacques Darras, Paris, Gallimard, 2002, p. 63.

un rapport inversement proportionnel, comme si l'expansion ou l'intensification de l'un conduisait nécessairement à une portée diminuée et un affaiblissement, pour ne pas dire à la disparition, de l'autre. Au contraire la religion et particulièrement les miracles peuvent très bien informer, propulser et véhiculer ces choses mêmes auxquelles notre modernité technologique croit s'être substituée. Et c'est dans ce paradoxe ou cette aporie (la différence importe peu) qu'elle est appelée à jouer un rôle renouvelé, à l'importance certaine, dans le domaine public ou, plutôt, global. Whitman va jusqu'à exprimer cela alors qu'il anticipe cette conjonction de facteurs, dont l'effet d'ensemble transforme chaque phénomène quotidien en un potentiel événement au caractère quasiment ou purement miraculeux.

C'est, précisément, la conjonction entre d'une part l'ancien et le nouveau naturalisme dont s'inspire Whitman, et d'autre part les références aux « profondeurs » théologiques, religieuses et mystiques auxquelles il recourt – c'est cette conjonction qui ouvre les « visions démocratiques » dont il parle avec tant de passion (et pour lesquelles on peut facilement trouver des alternatives plus modestes ou conséquentes dans la tradition antérieure ou ultérieure de la pensée politique).

Les deux aspects, le naturel et le théologique, sont ancrés dans une manière particulière de voir ou, comme je l'ai dit, dans une « optique » qui se caractérise par une logique singulière et une alternance – du « voir comme », dirait Wittgenstein, d'une « vision double », ajoute Sari Nusseibeh – dont nous avons toujours du mal à saisir toutes les implications (pour Whitman et son époque, sans parler de la nôtre).

Dans « Chanson de moi-même », c'est l'hypothèse d'un ordre « cyclique naturel » qui – tout à fait littéralement – alimente un « échange démocratique d'atomes » qui lui-même, à son tour, tire les choses ordinaires hors de leur accoutumance et de leur torpeur, libérant ainsi dans son sillage un « miracle du lieu commun »[1]. Mais *Feuilles d'herbe* expérimente également d'autres formes de conjonctions. Inspiré par les sensibilités esthétiques des transcendantalistes américains – Whitman fait référence à l'essai d'Emerson sur les « Lois spirituelles » –, l'ouvrage de Whitman imagine à nouveaux frais la tâche de la poésie et du poète comme « déjou[ant] la totalité de l'expérience et découvr[ant] des analogies qui changeaient les plus grossiers phénomènes en objets de beauté »[2]. Pour une part, pour Whitman et à la différence d'Emerson, cela signifie incorporer la « véritable américanité » trouvée dans le langage de la rue, de l'« argot », « l'élément germinal dépourvu de loi, en deçà de tous les mots et toutes les phrases, et derrière toute poésie » ; pour une autre part, comme il l'écrit également (dans une formule intéressante si l'on y réfléchit bien), cela implique et n'exige rien moins qu'un résolu « protestantisme de la parole[3] ».

On a souvent remarqué que, tout au long des éditions sans cesse révisées et augmentées de *Feuilles d'herbe*, Whitman parvenait à transformer les « foyers négatifs » des crises sociales-collectives et individuelles-existentielles – notamment, l'incapacité apparente de l'Amérique à tenir ses promesses, la corruption politique, les relations entre les

---

1. D. Reynolds, *Walt Whitman's America*, *op. cit.*, p. 326, 327.
2. *Ibid.*, p. 317.
3. Whitman, cité d'après *ibid.*, p. 319.

sexes, son propre combat avec son orientation sexuelle – dans des poèmes « triomphalement positifs »[1]. Il s'agissait en particulier, comme l'observe l'un de ses biographes, de créer « un "Je" tout-puissant qui essayait énergiquement de soulager les maux sociaux et privés en puisant dans le réservoir ou l'archive d'images culturelles positives dont regorgeait l'Amérique », exprimant ainsi une « foi fondamentale dans le pouvoir du poète de restaurer l'équilibre et la connexion entre des phénomènes apparemment déconnectés »[2]. De ce « Je » poétiquement ré-imaginé, Whitman disait du Président Abraham Lincoln qu'il en était « virtuellement l'incarnation vivante » ; en d'autres termes, « si *Feuilles d'herbe* et la Guerre civile ne faisaient qu'un, ils se réunissaient tout particulièrement chez Lincoln »[3].

Whitman et Lincoln ne se sont jamais rencontrés en personne, mais le martyr et l'assassinat du second en 1865 ont constitué, aux yeux de Whitman, l'événement majeur de l'histoire américaine jusqu'alors. Les poèmes de Whitman « Hier comme les buissons du lilas avaient éclos leurs fleurs sur le seuil » (« When Lilacs Last in the Dooryard Bloom'd ») et « Ô capitaine ! Mon capitaine ! » (« O Captain ! My Captain ! »), restituent de façon émouvante l'impression que le président faisait, de son vivant et dans la mort. Quant à l'événement catastrophique du meurtre brutal de Lincoln, Whitman en a également ressenti l'effet comme, paradoxalement, celui d'une « unification sociale », la mort du président constituant un « ciment pour le peuple tout entier, plus subtil et plus solide que tout ce qui peut

---

1. *Ibid.*, p. 322.
2. *Ibid.*, p. 324, 338.
3. *Ibid.*, p. 440.

être écrit dans la constitution, que les tribunaux ou les armées »[1].

Il ne fait pas de doute que cet impact de la personne et de la présidence de Lincoln avait quelque chose à voir avec le fait que, plus que n'importe lequel de ses prédécesseurs (et sans équivalent chez aucun de ses successeurs, à l'exception possible du président Barack Obama), il était un « écrivain » à part entière, dont les mots guidaient une nation à travers l'une de ses crises les plus profondes et l'un des moments les plus sombres de son histoire, l'abolition de l'esclavage, la sécession du Sud, et la Guerre civile.

Fred Kaplan, dans une biographie récente détaillant la carrière de Lincoln comme écrivain, avance même que le « meilleur poème » de Lincoln – condensant et « synthétisant les thèmes dominants de ses intérêts philosophiques et socio-politiques » – atteint un « niveau d'expressivité littéraire » qui ressemble à celui de l'œuvre de Whitman, anticipant le recueil du poète paru en 1882 sous le titre *Specimen Days*. Le premier vers de celui de Lincoln : « Chaque brin d'herbe est une étude [...][2]. »

Il y avait encore d'autres ressemblances entre le président et le poète, qui ont davantage une valeur anecdotique ou documentaire. Comme le note Daniel Mark Epstein, Lincoln et Whitman n'étaient pas seulement deux « visionnaires » qui « ont dominé la scène américaine de 1855 à 1865 dans leurs champs respectifs de la politique et de la littérature » ; selon lui, leurs écrits respectifs, « uniques mais analogues, ont continué à affecter nos vies et nos pensées, jusqu'à la génération

---

1. Whitman, cité d'après *ibid.*, p. 443.
2. Fred Kaplan, *Lincoln: The Biography of a Writer*, New York, Harper & Collins, 2008, p. 302-303.

actuelle »[1]. En fait, il se peut que leur commune « poétique de l'union » ait rendu possible de bien des manières la poursuite d'une enquête sur les rapports entre « l'art et la politique », comme l'a proposé Allen Grossman, et ce jusqu'à nos jours[2].

Dans la « Préface » de l'édition de 1855, Whitman met explicitement en garde contre le risque de faire trop grand cas du sur-naturalisme de jadis :

> Toute la théorie de l'exception et du surnaturel mais aussi toutes les ramifications qui s'y rattachent ou en proviennent par déduction se dissipent comme dans un rêve. Tout ce qui est jamais arrivé… tout ce qui arrive ou tout ce qui un jour arrivera… les lois vitales le comprennent… sont à même d'expliquer les cas particuliers ou l'ensemble des occurrences… sans précipitation ni retard… capables d'expliquer tous les miracles d'affaires ou de personnes qui semblent inadmissibles dans la clarté du plan d'ensemble où le moindre mouvement et la moindre tige d'herbe ainsi que les cadres et les esprits des hommes et des femmes et tout ce qui les concerne sont de parfaits et indicibles miracles, capables de les rapporter au tout et au particulier singulier, chacun à sa place. D'ailleurs il n'est pas dans la logique de la réalité de l'âme de considérer qu'il puisse y avoir quoi que ce soit de plus divin dans l'univers connu que l'homme ou que la femme[3].

---

1. Daniel Mark Epstein, *Lincoln and Whitman: Parallel Lives in Civil War Washington*, New York, Ballantine Books, 2004, p. ix.
2. Allen Grossman, « The Poetics of Union in Whitman and Lincoln: An Inquiry toward the Relationship of Art and Policity », dans Walter Ben Michaels et Donald E. Pease (éds.), *The American Renaissance Reconsidered*, Baltimore, Johns Hopkins University Press, 1985, p. 183-204 ; repris dans Whitman, *Leaves of Grass and Other Writings, op. cit.*, p. 872-889.
3. Whitman, *Feuilles d'herbe, op. cit.*, Préface de 1855, p. 725-744, 735. Voir également Gatta, « Making Something of Whitman's "Miracles" », p. 224-225.

Whitman laisse ainsi peu de doutes quant au fait que la préoccupation traditionnelle – religieuse et métaphysique, disons onto-théologique – pour les phénomènes qui violent ou transgressent la loi et l'ordre de la nature et sont donc surnaturels, n'a pas sa place dans sa propre adoption du miracle comme l'incarnation par excellence, à vrai dire l'événement même, de l'expérience moderne.

Mais, si « toute chose dans l'univers est un parfait miracle, chacun aussi profond que n'importe quel autre », comme l'ajoute le poème « *Proto-Leaf* » – d'abord intitulé « Prémonition » puis « Départ à Paumanok » (« *Starting from Paumamok* »[1]) –, pourquoi les merveilles de la technologie avec les effets spéciaux, quoique artificiels, qu'elles produisent sur nous sont-elles exemptées de cette conception ? Est-ce que les miracles de main d'homme (et Whitman en mentionne quelques-uns au cours du poème alors qu'il contemple les rues, les toits et les tramways de Manhattan) ne se concilient pas avec les produits ou les signes technologiques, dont l'impact perceptuel peut provoquer notre émerveillement et notre admiration de manière tout aussi puissante, et peut même à vrai dire déclencher rien mois qu'une conversion de notre regard ? Plus précisément, faudrait-il distinguer les artefacts humains des artefacts technologiques (comme on distingue l'artisanal de l'industriel – un étrange dualisme quand c'est, après tout, la vie moderne urbaine qui est ici évoquée ?) Est-ce parce que Whitman présume que la technologie, comme le matérialisme pur et son rationalisme instrumental, empêche tout simplement de voir l'engouement du transcendantalisme pour le miracle générique que la vie – dans chacune de ses

---

1. *Ibid.*, p. 45-62.

formes organiques, cosmiques et humaines – représente ou plutôt exprime ? Il semblerait que ce soit parfois le cas, notamment dans des passages où Whitman reprend à son compte un affect anti-technologique qui est aussi vieux que l'histoire de la métaphysique occidentale tout comme de la religion et de la théologie. Je pense en particulier aux vers suivants qui, à l'instar de notre poème, invoquent le pouvoir y compris du plus petit – minimal – miracle.

Comme le chante le poète dans « Chanson de moi-même » :

> Je crois qu'une feuille d'herbe est à la mesure du labeur des
> [étoiles,
> […]
> Que le plus infime rouage de ma main est une mécanique
> [incomparable,
> Que la vache qui ruine l'herbe tête humblement baissée est
> [une statue sans rivale,
> Qu'une souris est miracle propre à ébranler des sextillions
> [d'infidèles[1].

Ou devrions-nous considérer toutes les références, dans le poème « Miracles » et tout au long de *Feuilles d'herbe*, aux aspects modernes du commerce et de la communication, du transport et de l'échange, comme représentant des merveilles et des miracles technologiques, c'est-à-dire les innovations et les nouveautés mêmes que la science et la connaissance (et la technique) du XIXe siècle avaient rendu possibles et bien trop palpables pour n'être pas remarquées par l'œil du poète ?

Le hiatus apparent entre d'un côté l'invocation, dans notre poème, des miracles quotidiens – des miracles

---

1. Whitman, « Chanson de moi-même », dans *ibid.*, p. 101-102.

partout –, et de l'autre l'absence de toute célébration explicite des merveilles technologiques et artificielles de la modernité, est d'autant plus frappant qu'il entre en conflit avec ce que Gatta décrit à juste titre comme « un schème délibéré de catholicité intégré au tableau de Whitman » :

> Dans ses grandes lignes, l'enregistrement des miracles va des artefacts humains aux peintures mortes de la nature, de là aux relations humaines, puis de nouveau aux versions animées et astronomiques de la nature. Au sein de cette séquence libre le poète parvient également à évoquer une large échelle de sensations physiques : voilà un Moi éveillé en train de voir et de parler, de regarder paître les animaux, d'arpenter la chaussée en dur, et de marcher pieds nus dans l'eau. L'impulsion incantatoire de Whitman contribue à souligner l'unité synesthétique embrassant l'ensemble des stimuli sensoriels.
> Pourtant le poème prend soin de nuancer son assurance apparemment facile que tout est miraculeux[1].

Peut-être y a-t-il alors une interprétation selon laquelle le retour de Whitman à des tropes traditionnels ou des *topoï* de miracles fait néanmoins partie intégrante d'une reconnaissance des nouvelles technologies, et donc des médias, qui demeure largement implicite dans notre poème ?

Les chercheurs en littérature et les historiens des idées ont montré que le dernier Whitman, plus que quiconque parmi ses contemporains – et en dépit de son invective contre la « machinerie » – était familier des révolutions qui, dans les domaines de l'économie, des technologies et de la communication, avaient transformé la vie américaine au XIXᵉ siècle et bâti « l'Amérique des immenses corporations, des machines, des requins de l'industrie, des

---

1. J. Gatta, « Making Something of Whitman's "Miracles" », p. 226.

agences de publicité, des hypermarchés, et du consumérisme rampant »[1]. Dans les années 1870 et 1880 Whitman composera de vastes « tableaux de machines, d'inventions, et autres merveilles d'ingénierie »[2]. Dans la nouvelle ère industrielle avec son développement du réseau ferroviaire, du télégraphe et du téléphone, Whitman découvrait désormais la « marque de la modernité » et les « nouvelles avenues de l'intercommunication et de la transmission »[3]. Comme exemples de ces thématiques nouvelles, Reynolds mentionne les « poèmes-technologies » suivants : « Embarquement pour l'Inde » (« *A Passage to India* »), « Le Retour des héros » (« *The Return of the Heroes* »), et « Chanson de l'exposition » (« *Song of the Exposition* »).

Le premier poème, fini en 1870 et considéré par Whitman comme l'une de ses pièces les plus représentatives (« Il y a plus de moi, de ce moi essentiel et ultime, là-dedans que dans n'importe lequel de mes autres poèmes »), parle directement et ouvertement des merveilles de la technologie : « Musique pour les grandes réussites du présent, / Musique pour les ouvrages souples et solides des ingénieurs, / Modernes merveilles. » Ce sont ces dernières, plus les chemins de fer et les « mers incrustées de câbles éloquents », qui offrent au poète une vision du rôle de la technologie dans la possibilité d'une nouvelle unité, de « L'arche à couvrir la terre liée en ses réseaux, / Les océans à franchir, les distances à aplanir, / Les continents à souder ensemble ». En effet, les conditions et les hérauts de la modernité technologique semblent précéder et catalyser un motif et une

---

1. D. Reynolds, *Walt Whitman's America*, *op. cit.*, p. 495.
2. *Ibid.*, p. 496.
3. *Ibid.*

motivation poétologiques et théologiques plus massifs que ce qu'aurait pu permettre n'importe quel traditionalisme – par exemple, immédiat – dans la sensibilité littéraire et religieuse : « [Quand] les grands capitaines et ingénieurs auront accompli leur œuvre, / Et que les nobles inventeurs, les savants, chimistes, géologues, ethnologues, auront fini la leur / Paraîtra alors, pourtant bien son nom, le poète, / L'authentique fils de Dieu venu chanter ses odes ». Comme l'observe Reynolds, le poème « Embarquement pour l'Inde » passe ainsi sans effort

> [des] prodiges de la technologie à une religion optimiste. Quand arrivera le poète du futur, nous assure-t-il, tous les malheurs de l'humanité disparaîtront, et l'unité spirituelle sera achevée : « Fossés et ruptures seront comptés pour rien, agrafés ensemble, / [...] Il n'y aura plus écart ni solution entre la Nature et l'Homme, / L'authentique fils de Dieu accomplira leur commune fusion »[1].

Plus largement, par conséquent, le sens qu'a Whitman d'une « évolution progressive » est ici dédié à la « révélation d'objectifs cosmiques[2] ». Et notre poème « Miracles » n'aspire à rien de moins, rien de plus.

En des termes plus profanes, le poème de Whitman « Chanson de l'exposition » célébrait également une unification du monde : « Progrès des communications, industries, transports intercontinentaux, / [...] C'est la rondeur du monde contemporain que je mets à tes pieds ». Cela dit, l'affirmation par Whitman d'une affinité élective entre le mécanisme et les miracles se fait-elle sans réserve ?

---

1. *Ibid.*, p. 500.
2. *Ibid.*

Reynolds ne laisse pas de doute quant au fait qu'en tant que « poète culturel » de l'Amérique, le dernier Whitman, confronté au nouvel âge industriel et technologique, « montrait [aussi] des signes de perplexité et d'épuisement » :

> Whitman n'était pas à la hauteur de la tâche. « Chanson de l'exposition » constituait l'ultime long poème à propos de la vie américaine qu'il écrirait jamais. Il continuerait à parler de l'Amérique – de son histoire, de ses leaders, de ses inventions – dans des poèmes isolés, mais plus jamais avec l'envergure qu'il exprimait dans « Embarquement pour l'Inde » et « Chanson de l'exposition »[1].

Quand on considère cette évolution de sa pensée et de son écriture, la position qu'adopte Whitman dans le poème « Miracles » donne l'impression d'être profondément ambiguë, nuancée, et beaucoup moins résignée. Comme le remarque Gatta :

> Le premier indice de l'ambiguïté provocante du poème apparaît dans la question qui l'ouvre : « Eh ! quoi, que faites-vous si grand cas d'un miracle ? » À un certain niveau le poète est évidemment en train de railler ceux qui feraient « grand cas » de l'accomplissement du miracle au sens où celui-ci témoignerait d'incursions spectaculaires du pouvoir divin dans le rythme habituel de l'existence. Pour Whitman le miracle ne signifiait rien tant qu'on le cherchait dans des épisodes autonomes interrompant le grand jaillissement de la vie, tant qu'on le séparait de sa connexion organique avec « ce qu'il y a de plus commun, de moins cher, de plus immédiat, de plus facile ». Il y a ainsi un tranchant satirique légèrement affecté dans l'investigation de Whitman, puisque le locuteur avait du mal à croire que l'on puisse admettre des idées aussi dévoyées, tout en sachant très clairement qu'ils étaient nombreux dans ce cas.

---

1. *Ibid.*, p. 504.

Cependant, à un autre niveau, la question est prise au sérieux. Le reste du poème indique que le poète lui-même fait « grand cas » des miracles compris dans les termes de sa propre définition dissidente. Ainsi, la charge principale qui pèse sur la lyrique de Whitman est de clarifier la distinction entre les vraies et les fausses conceptions du merveilleux[1].

Reste que là où tout peut être un miracle, tout est un miracle. Et, par là, la question de savoir comment distinguer entre les « vrais » et les « faux » miracles devient, à strictement parler, hors de propos. Est-ce alors là le mot de la fin ? Ou faudrait-il simplement dire que la « distinction » de Whitman entre « vrai » et « faux » n'est pas une distinction qui nous invite ou nous autorise à utiliser des critères épistémologiques ou, ce qui revient au même ici, théologiques ? Après tout, des distinctions doivent être faites, que ce soit par le poète, le lecteur, celui qui arpente les rues de Manhattan ou contemple les merveilles quotidiennes de la vie, entre des proportions cosmiques, le tourbillon d'activité de la vie urbaine, la temporalité et la spatialité des temps modernes. Et, si des distinctions doivent être faites, cela signifie qu'elles sont essentiellement notre appel, quelle que soit la manière dont nous sommes capables et désireux de voir et de nommer les choses et les tendances, les gens et les événements.

Dans l'un de ses cahiers Whitman attribue cette faculté de « vision » et de discrimination authentique, c'est-à-dire non-critériologique, des choses et des êtres, à rien de moins que « l'immortalité de l'âme », et invoque un miracle de « volition » « tout aussi subtil » que le geste même par lequel de tels appels se forment, en un « instant » seulement, encore et encore, depuis l'épaisseur réifiée et enserrée dans

---

1. J. Gatta, « Making Something of Whitman's "Miracles" », p. 222.

les habitudes du quotidien. De plus, ce que ces gestes minimaux ramènent à la vie – littéralement : rendent « fluide » – n'est rien moins que le maximum qu'ils puissent viser, à savoir « l'ensemble de la nature physique » :

> On entend parler de miracles. – Mais existe-t-il quelque chose qui ne soit pas un miracle ? Que pourrais-tu concevoir ou me nommer à l'avenir qui serait au-delà de la moindre des choses qui nous entourent ? – Je te regarde dans les yeux, – alors dis-moi, si tu peux, ce qu'il y a de plus dans l'immortalité de l'âme… que ce spirituel et magnifique miracle de la vue ? – Par le miracle tout aussi subtil de la volition, j'ouvre mes paupières, pas plus grandes que deux noyaux de pêche, et voilà ! La variété impossible à nommer et la splendeur écrasante du monde entier vient à moi en silence et lestement. – En un instant je rends fluide et attire à moi, en laissant chaque chose à sa place distincte et sans tapage ni confusion ni embouteillage, l'ensemble de la nature physique, bien que les roches soient denses, les collines pesantes et les étoiles distantes de mille milliards de milliards de kilomètres[1].

Ce passage fait clairement ressortir ce que Gatta, dans une formule précieuse, appelle la « condition phénoménologique » du miracle, c'est-à-dire l'intuition de Whitman « qu'aucun miracle n'a lieu indépendamment des actes de la perception humaine », ou encore, qu'

> un miracle n'apparaît comme tel que lorsqu'il est vu à travers l'œil transcendantal d'un « Je » illuminé. Le « miracle des miracles » sur lequel repose l'étonnement universel de Whitman est un savoir antérieur de l'extase dans laquelle l'âme « voit et expérimente par son propre pouvoir archimédique »[2].

---

1. Whitman, cité d'après *ibid.*, p. 225.
2. *Ibid.*, p. 226. La dernière citation est extraite de « *Democratic Vistas* ».

Gatta fait de ce postulat « la prémisse spirituellement subjective » sous-jacente à la « théorie du miracle » de Whitman[1]. Il faudrait noter que ce principe ne se manifeste pas seulement dans l'usage répété de la formule « pour moi » (« *to me* ») (quatre fois dans le poème en question et aussi dans d'autres passages concernés que nous avons cités) ; il est en outre basé sur l'intuition plus générale et plus profonde que

> la luminescence du mystère au cœur de la matière, l'interpénétration dynamique du sacré et du profane… se révèle comme miracle seulement une fois médié par les sens alchimistes d'un moi éveillé. Non seulement la beauté, mais la cohérence organique d'un univers sacramentel reposent dans une large mesure dans l'œil de celui qui voit[2].

Mais pour en venir à voir ainsi les choses et les êtres, les événements et les effets, de certaines façons plutôt que d'autres, il se pourrait que l'on ait besoin d'être aidé par le prophète-poète, qui devient par là un « producteur de miracles, accomplissant [ses] miracles à travers l'outil de transmutation qu'est le vers imaginatif[3] ». Ce dont attesteraient déjà clairement les vers qui ouvrent « Miracles », que l'on trouve dans l'édition des années 1860-1870 de *Feuilles d'herbe* (et qui sont manquants dans les autres éditions) :

> Que donnerai-je ? et quels sont mes miracles ?
> Le réalisme est mien – mes miracles – Servez-vous,
> Servez-vous sans fin – Je vous les offre partout
> Où vos pieds peuvent vous mener, où vous yeux peuvent porter.

---

1. *Ibid.*, p. 227.
2. *Ibid.*
3. *Ibid.*

Pour conclure, de même que Whitman – l'auto-proclamé « poète de l'Amérique » – a essayé d'« arracher le mot "américain" à ses définitions partielles et [de] chercher les applications du terme les plus larges possible[1] », de même son usage du mot et du concept de « miracle » vise à réaliser et évoquer simultanément une extension et une intensification de la signification et de la force de ce terme. Que cet engagement poétique avec le miracle et la croyance au miracle conduise, inévitablement, à leur trivialisation et leur banalisation, n'est pas moins évident.

Là où tout peut être – et, par conséquent, comme je l'ai dit, est – un miracle, rien n'a plus de raison de nous frapper en tant que tel, rien d'ordinaire ne saurait recevoir le baptême d'une signification extraordinaire. L'affirmation des miracles comme l'incarnation de la vie moderne court ainsi le risque de s'épuiser et de se tarir. Au lieu d'être le moteur d'un changement perceptuel, culturel et politique, elle pourrait bien faire long feu et perdre la foi d'un « Je » dont la « puissance » s'est éteinte alors que c'est lui qui – subjectivement, phénoménologiquement – l'avait tout d'abord fait advenir sur le devant de la scène. Mais alors, ceci pourrait aussi signifier que ces mêmes phénomènes ont déjà accompli leur œuvre et laissé leur marque. Comme l'écrit Whitman dans la Préface de 1855 à la première édition de *Feuilles d'herbe*, « Les signes sont valides effectifs »[2].

L'ambiguïté entre l'extension-tension d'un côté, et la trivialisation-banalisation de l'autre, laisse une place pour des évaluations alternatives du même ensemble de phénomènes, et semble confirmée par la désillusion croissante de

---

1. D. Reynolds, *Walt Whitman's America, op. cit.*, p. 152.
2. Whitman, *Feuilles d'herbe, op. cit.*, Préface de 1855, p. 744 ; trad. modifiée.

Whitman à l'égard du destin d'une politique américaine se démenant, sans succès, avec les problèmes de l'esclavage, de l'immigration de masse, et d'un système de partis décrépit. L'exclamation de Whitman : « Nous ne voulons pas de réformes, pas d'institutions, pas de partis – Nous voulons un principe vivant comme celui de la nature, sous lequel rien ne peut mal se passer »[1], semble relever davantage d'un gage creux et des années légères, loin de l'optimisme robuste que le poème « Miracles » exalte à chacun de ses vers. En d'autres termes, Whitman a fini par prendre ces « miracles » mêmes pour indiquer que toutes choses, tous les êtres et tous les événements pourraient bien se révéler différents de ce qu'ils paraissaient être initialement.

Beaucoup de choses se passent mal ou deviennent amères sous à peu près n'importe quel « principe », même un principe « vivant », et la confiance qu'avait autrefois Whitman en sa propre conception d'une nature plus vaste n'a pas fait exception. Au final son « unitarisme » culturel n'offrait pas de remède évident pour les divisions et les tensions, sociales et politiques autant que personnelles, que le poète – représentant le « Je » collectif et individuel ainsi que les échanges, les mutations entre les deux – n'a pas seulement diagnostiquées mais également cherché à guérir.

Nos tentatives, certes modestes, pour reconnaître et essayer d'égaler, sans parler d'imiter, la ferveur originelle de Whitman, se fourvoient sans aucun doute en grande partie. Nous vivons actuellement dans un monde, nous dit Whitman, qui a des motifs d'émerveillement et a appris

---

1. D. Reynolds, *Walt Whitman's America*, *op. cit.*, p. 153, cf. p. 327.

comment s'émerveiller de ce qui, jusque-là, avait semblé simplement causé ou effectué ; un monde, finalement, dans lequel on peut voir pratiquement chaque signe comme exceptionnel, comme une sorte de miracle.

Prolongeant la suggestion de Whitman, nous pourrions faire l'hypothèse que l'impression et l'impact que les signes, comme des merveilles, ont sur nous, sont devenus une caractéristique d'autant plus spéciale de notre expérience que cet impact est toujours davantage arbitré par les moyens technologiques du transport et de la communication de masse, nombre d'entre eux ayant acquis une vie virtuelle qui leur est propre tout en constituant le véritable *insignum* des villes modernes – des villes parfois globales (par exemple, Manhattan)[1]. C'est, paradoxalement, dans « l'espace des flux » et du « temps hors du temps »[2] que certains mots et certaines choses, certains gestes et pouvoirs, certains sons et silences, certains affects et effets, peuvent se trouver d'autant plus investis d'une signification plus profonde et acquérir un profil unique contre un repoussoir qui semblerait les homogénéiser et niveler d'emblée toute nouveauté. Mais, en cela, les réalités sociales et surtout politiques semblent également simplement prendre conscience d'une découverte bien plus ancienne et la reprendre à leur compte : à savoir, que c'est la compréhension moderne de la science, naturaliste et mécaniste, fondée sur des lois

---

1. Cf. Manuel Castells, *The Informational City: Information Technology, Economic Restructuring and the Urban-Regional Process*, Oxford/Malden, Blackwell Publishers, 1989 ; Saskia Sassen, *The Global City*, New York, London, Tokyo, Princeton/Oxford, Princeton University Press, 2001.

2. Manuel Castells, *The Information Age: Economy, Society and Culture Volume I: The Rise of the Network Society*, Oxford, Blackwell, 1996, p. 374-375.

causales universelles n'autorisant ni exception ni violation, qui, paradoxalement, a propulsé la nouvelle pertinence, à l'aube de « l'âge laïque », des concepts théoriques et en fait philosophiques du miracle et de la croyance au miracle.

Le plus strict des naturalismes n'exclut pas tant qu'il invite, voire présuppose, la question même que Whitman avait à l'esprit au moment d'écrire ses « Miracles ». En cherchant les causes des merveilles, il ne peut pas ne pas s'émerveiller de leurs origines et de leurs objectifs d'ensemble. Demandant « pourquoi demander pourquoi ? », il tombe sur une découverte ancestrale et une quête éternelle qui en fin de compte n'est ni métaphysique ni théologique, mais est au contraire ancrée dans le pragmatisme profond de l'ordinaire et du quotidien.

« Existe-t-il quelque chose qui ne soit pas un miracle ? » La notion moderne de miracle comme exception à la règle ou à la loi pourrait bien constituer l'exception historique plutôt que la norme. Ironiquement, l'adaptation moderne – soi-disant laïque – des miracles et de la croyance au miracle entreprise par Whitman représente, en fait, un retour à une compréhension plus ancienne du concept, celle du grec antique ou du latin classique. C'est le concept que nous trouvons par exemple chez Aristote ou, en un sens beaucoup plus élaboré et explicite, chez saint Paul ou saint Augustin. Selon eux, le miraculeux ne fait pas exception par rapport à l'ordre donné des choses (pas plus qu'il ne représente une violation de cet ordre) et, par conséquent, ne se distingue pas par une différence de nature, ne constitue pas une externalité ou une anomalie. Il constitue plutôt un aspect focalisé et localisé de la profondeur et de l'intensité, de l'élévation et de la sublimité, de cette nature même.

Avant que nous puissions examiner cette *extraordina-rité* de l'ordinaire, qui devient trop souvent l'*ordinarité* de l'extraordinaire, nous devons nous poser une question préliminaire, à savoir : que sont les miracles à strictement – c'est-à-dire religieusement ou théologiquement – parler ?

Il semblerait que les miracles en lesquels nous pouvons croire constituent ou marquent non pas n'importe quel phénomène, événement ou n'importe quelle occurrence, mais seulement ceux qui sont investis (par notre « voca-tion » et notre « réponse ») d'une certaine importance et valeur, d'une certaine éminence et sublimité. « Miracle » est le terme historique et théologico-religieux le plus évocateur, et de fait le plus emphatique, pour une telle occasion.

Les miracles, ainsi définis, peuvent se révéler ou se manifester n'importe où, à n'importe qui, n'importe quand : dans le fait d'enfreindre des dispositifs immuables ou simplement communs bien plus que dans la violation des lois de la nature. Ils peuvent aussi se signaler dans le pur étonnement devant le fait que le monde *in toto* – ou quoi que ce soit de particulier et de purement singulier dans ce monde – existe.

Les conceptions du miracle dites immanentes soulignent que son occurrence ne fait que réfléchir ou exprimer une « accélération » des choses qui se produisent sous des lois imposées par Dieu du haut de Sa Création, mais dont les complexités, l'application précise et le rythme sont, pour ainsi dire, trop sibyllins pour que nous puissions les traiter. Ce n'est pas qu'aucun entendement ne pourrait savoir, soit par avance soit rétrospectivement soit même présentement, ce qui se passe – après tout Dieu (ou, dans un univers différent comme celui de la trilogie *Matrix*, « l'oracle » ou le programmateur du système) lui sait.

C'est seulement que pour nous, témoins et spectateurs humains finis, notre absorption et notre immersion dans le phénomène en question excède pour le moment notre compréhension, c'est-à-dire notre saisie conceptuelle sinon notre imagination la plus sauvage. Nous avons en effet un sens, celui de la superstition. Et toute compréhension *ex post facto* ne fait que s'exposer de nouveau à une autre « saturation » d'autres (voire des mêmes) phénomènes, y compris des phénomènes banals, nous forçant ainsi ou nous invitant et nous incitant à abandonner notre tendance à l'habituation ou à l'accoutumance – à savoir l'idolâtrie ou l'idéologie originelles et inextirpables qui accompagne le *quid pro quo*, quel qu'il soit, qui façonne les normes et les conventions –, encore et encore, ne serait-ce qu'un instant.

À quoi sert alors, ici et maintenant et pour nous, l'introduction, la revitalisation, de cette catégorie éminemment mais pas exclusivement théologique ? Cette analyse éclaire-t-elle la présence multiple de la croyance au miracle dans, par exemple, le monde gréco-romain ou helléniste, dans l'Islam primitif et moderne, dans l'hindouisme, le bouddhisme, et les religions des cultures indigènes ? Dans d'autres mondes, cette généralisation et par conséquent cette inévitable trivialisation et profanation du miracle pourrait-elle offrir davantage qu'une ressource vaguement – bien trop formellement circonscrite – heuristique ? Pourrait-elle affûter notre sens du caractère événementiel de l'ordinaire non moins que de l'extraordinaire en tant qu'il est arbitré et médiatisé – c'est-à-dire réfracté et diffusé – selon des modalités toujours plus étendues et subtiles ?

Walt Whitman, dans son poème « Miracles » dont nous sommes partis, doit avoir pressenti en partie cette profusion – et confusion – du sacré dans le profane quand il exhortait ses lecteurs à ne pas « faire grand cas » d'un miracle, précisément en en faisant trop, quoique, étrangement, jamais assez, et en proclamant que

Chaque heure du jour et de la nuit est un miracle,
Chaque centimètre cube de l'espace est un miracle,
Chaque mètre carré de la surface de la terre est couvert de
[miracles,
[…] Y a-t-il plus étranges miracles ?

5. – *Excursus II :*
Le miracle du ballon dansant :
magie et mysticisme chez Walter Benjamin

Comme en atteste la fascination philosophique pour les automates et la vie mécanique, les machines et l'intelligence artificielle, la théorie des systèmes et les modèles computationnels de tout aspect de l'expérience humaine – toutes ces théories qui remettent en question les présuppositions métaphysiques plus anciennes et classiques concernant l'exceptionnalisme putatif et la région de la pensée et du langage, de la liberté et de l'action, du jugement et des goûts de l'homme – il y a une résonance remarquable entre les croyances religieuses – qui sont souvent illustrées par la croyance aux miracles (ou même par l'invocation d'aspects angéliques ou démoniaques, eschatologiques et apocalyptiques) – et le domaine des techno-sciences, en prenant en compte les médias de masse et les nouveaux médias, les réseaux sociaux et les nouveaux

« effets » (voire « effets spéciaux ») qu'ils produiraient (plutôt que « causeraient »).

Qu'est-ce que cela veut dire de suggérer qu'un élément de l'automaticité, de la mécanicité et de l'artificialité – en un mot, du mécanique – pourrait bien faire partie du transcendantal et du transcendant, du méditatif et du mystique, tout comme une certaine religiosité et un certain mysticisme pourrait bien, en retour, adhérer au domaine et à la fonction de ces éléments – qui peuvent être décrits comme des médias technologiques ? En complément au « fantôme dans la machine » dont Gilbert Ryle parlait dans son œuvre *La Notion d'Esprit*, pourrait-on évoquer ici « la machine dans le fantôme », ou, plus largement, dans l'esprit et dans le domaine spirituel[1] ?

Pourquoi et comment se fait-il que bien trop souvent nous ne puissions faire la différence entre ces deux cadres de références, du théologique ou mystique et du mécanique (en supposant que ces termes décrivent les réalités ou irréalités susmentionnées de façon adéquate) ? Et quelles sont les conséquences, bonnes ou mauvaises, qui peuvent découler d'une telle confusion initiale et pérenne – notre difficulté à séparer le mystique du mécanique – vis-à-vis des relations complexes et simples que nous avons avec le monde et les autres au sein de celui-ci ?

En effet, est-ce que l'on peut tirer une quelconque connaissance de la nature du politique – ce qui est souvent appelé le théologique-politique tout comme de façon pratique, l'élaboration de politiques – à partir de cet entrelacs de régions empiriques, socio-historiques, et des espaces et profondeurs logiques-métaphysiques que nous avions

---

1. Gilbert Ryle, *La Notion d'esprit. Pour une critique des concepts mentaux*, Payot, 2005.

imaginés être clairement séparés de tout « l'ordinaire » qui gouverne (ou devrait gouverner) nos vies quotidiennes ?

Dans ce qui suit, je soutiens que Walter Benjamin nous offre ce que j'appelle une épistémologie à la fois mécanique et mystique, qui seule est capable d'imaginer que nous changions tout, d'un seul geste, que nous le fassions à virtuellement n'importe quel moment dans notre histoire et nos histoires relativement avancées, compliquées, et en cours d'écriture.

Au sein de l'œuvre de Walter Benjamin, un des récits les plus unanimement marquants est le court « Rastelli raconte... », publié en novembre 1935 dans la revue *Neue Zürcher Zeitung*[1]. C'est l'histoire énigmatique d'un jongleur qui accomplit ce qui serait difficile à appeler par un autre

---

1. Walter Benjamin, « Rastelli erzählt », *ibid.*, *Gesammelte Schriften*, ed. Rolf Tiedemann and Herman Schweppenhäuser (Frankfurt a/M.: éd. Suhrkamp, 1980), Vol. IV-2, 777-80 ; publié en langue française dans une traduction de Philippe Jaccottet et Maurice de Gandillac, dans *Rastelli Raconte... et autres récits. Suivi de : Le Narrateur*, Éditions du Seuil, 1987. Une discussion de ce texte, paru plus tôt dans une forme préliminaire peut être trouvée, en langue anglaise, dans mon article « In Media Res: Global Religion, Public Spheres, and the Task of Contemporary Comparative Religious Studies », dans : Hent de Vries et Samuel Weber, éds., *Religion and Media*, Stanford University Press, 2001, 3-42, ainsi qu'également dans « Of Miracles and Special Effects », dans : *International Journal for the Philosophy of Religion* 50 : 1-3, December 2001, 41-56. Un des rares commentaires utiles se trouve auprès de Thomas Fries dans son article, « Der Jongleur als Erzähler, der Erzähler als Jongleur: Walter Benjamin "Rastelli erzählt..." » dans Hans-Georg von Arburg, Dominik Müller, Hans-Jürgen Schrader, et Ulrich Stadler, éds., *Virtuosität: Kult und Krise der Artistik in Literatur und Kunst der Moderne*, Göttingen ; Wallstein Verlag, 2006, 250-269. Voir aussi Irving Wohlfahrt, « Märchen für Dialektiker: Walter Benjamin und sein "bucklicht Männlein" », dans : Klaus Doderer, éd., *Walter Benjamin und die Kinderliteratur: Aspekte der Kinderliteratur in den zwanziger Jahren*, Weinheim, 1988, 121-176.

nom que celui de « miracle ». À l'apogée de son numéro, il fait danser et tournoyer un « ballon » sur le bout de son doigt « comme la Terre tourne autour du soleil en même temps que sur elle-même »[1], tout en dansant et en jouant de sa flûte quasi magique, ayant l'air d'une autre version du Joueur de Flûte d'Hamelin, dont la cohorte ne comporterait qu'un seul suiveur (son ballon, selon toutes les apparences). Tout du long, cependant, le prestidigitateur semble convaincu – de la même façon que le narrateur semble presque se convaincre lui-même, et parvient presque à nous convaincre, lecteurs ou auditeurs – que l'effet produit sur le public (qui est de nature spéciale comme nous le verrons) par cet événement est simplement artificiel et fait de toutes pièces, donc contrôlé et voulu, et ainsi envisagé.

Mais une lecture plus minutieuse de ce récit vient révéler qu'il ne doit pas être compris de cette manière. Benjamin nous rapporte l'histoire (ou plutôt fait raconter l'histoire légendaire par le prestidigitateur historique nommé Enrico Rastelli) d'un maître jongleur dont le spectacle incroyable avec un ballon dansant semble avoir toujours dépendu de la collaboration active avec un aide invisible, un petit serviteur « d'une délicatesse, d'une grâce et d'une vivacité exceptionnelles »[2], installé dans le ballon, qui, littéralement, tire les ficelles, dirigeant le mobile dans les directions que son maître déciderait, bien que cela se passe sans communication directe pendant le numéro. Le maître jongleur et le petit serviteur ou l'aide semblent penser de même et ne faire qu'un, dans une union quasi mystique qui n'en est pas

1. Walter Benjamin, *Rastelli Raconte… et autres récits*, traduit par Philippe Jaccottet, Éditions du Seuil, 1987, p. 127.
2. *Ibid.*, p. 126.

moins mécanique et automatique, puisque le ballon suit les sifflements du flûtiste, dans le récit qui nous est donné.

Au premier abord, nous avons affaire au numéro ou au tour de magie d'un jongleur, une illusion ou une simulation perceptive et une sorte de tour (littéral) de passe-passe, sans rien de plus profond. Mais, alors, à bien réfléchir à ce bref et suggestif récit, nous réalisons rapidement que quelque chose d'autre est décidément à l'œuvre. De quoi peut-il s'agir ? Quel est ce « plus », qui fait pencher la balance de ce qui semble n'être qu'un tour de magie et de magicien (qui appartiennent à l'ancienne catégorie des *mirabilia*, comme ils étaient appelés, et à la tradition des faiseurs de merveilles) vers l'accomplissement réel d'un vrai miracle – et de sa croyance instantanée (qui serait un *miraculum*, comme la théologie première et médiévale en viendra à le définir en contraste avec l'autre relevant des merveilles naturelles ou de la magie artificielle) réalisé, cette fois, par un authentique faiseur de miracles, serait-ce à son insu ? Après tout, comme certains l'ont suggéré, le récit s'achève sur le portrait saisissant d'un illusionniste qui n'arrive plus à comprendre son illusion [*Täuschung*]. Mais y en a-t-il eu une ?

Il est vrai que certains critiques ont noté que le « maestro » n'est pas un *jongleur* au sens premier, puisqu'il épate son public non seulement de par sa virtuosité et son génie, mais surtout parce qu'il introduit un élément d'illusion (*Täuschung*), comme le faisaient les anciens magiciens (*Zauberkünster-Magier*) et autres tricheurs.

Tout montrer, ne rien cacher, voilà qui est plus miraculeux dans tous les cas que ce que la magie (ancienne ou moderne) pourrait espérer. Les mécanismes et mysticismes modernes, de façon parfois interchangeable, expriment une vérité qu'aucun des deux ne serait capable d'exprimer seul. Nous y reviendrons.

Et pourtant, le maître dans « Rastelli raconte… » n'est pas tout à fait au summum de son art – à la différence du vrai Enrico Rastelli – puisque, à première vue, il a besoin de son illusion, tout comme il a besoin de son aide, que nous pourrions appeler le nain dans le ballon.

Dans son tour de force, en supposant qu'en effet il est bien celui qui tire les ficelles (et par là qu'il déplace le ballon lui même), le petit aide ressemble au joueur d'échec imbattable et invisible caché dans le Turc Mécanique de Johann Nepomuk Maelzel, dont nous parle Edgar Allan Poe dans son célèbre essai intitulé « Le joueur d'échecs de Maelzel », que nous examinerons dans un instant.

Mais dans le contexte de l'œuvre de Benjamin, la figure de taille réduite nous rappelle aussi le nain caché de la première des *Thèses sur le concept d'Histoire*, qui fait se mouvoir en série un « appareil [*Apparatur*] » de façons spectaculaires et tout bonnement miraculeuses, même si le vrai numéro de la machine requiert une sorte « d'entraînement [*Übung*] » hautement et technologiquement précis (qui n'en est pas moins une maîtrise en soi, pour gagner le jeu et pour parfois jouer plusieurs jeux à la fois).

Certains commentateurs de Benjamin ont observé que la première des *Thèses sur le Concept d'Histoire* pourrait bien être inspirée directement ou indirectement de la nouvelle « Le joueur d'échecs de Maelzel » d'Edgar Allan Poe, publiée dans le *Southern Literary Messenger* de Richmond en avril 1836, et traduite en français par Charles Baudelaire. Dans ses dernières années de travail sur *Das Passagen Werk* (*Le Livre des Passages*), Benjamin était plongé dans l'œuvre du poète français, qui est cité pour avoir déclaré en 1848 que « Toute mécanique est sacrée comme une œuvre d'art ».

Dans la première thèse sur l'histoire, Benjamin se penche sur la question de la manipulation cachée par quelque chose d'invisible mais néanmoins présent – le nain, ou l'esprit et fantôme dans la machine. Ce texte nous laisse penser que la machine – et dans la parabole de Benjamin, que le matérialisme historique – ne peut fonctionner sans la supervision stratégique et tactique, plutôt que providentielle ou prophétique, que l'aide dissimulé (ce qui en fait par là une théologie oblique, obscure, et minimale) lui offre spontanément, et de loin (l'expression « tirer les ficelles » ne constitue alors qu'une faible métaphore ou plutôt une caractérisation bien trop littérale).

En revanche, dans le récit imaginatif que Benjamin fait de Rastelli, ce qui nous déconcerte – à l'instar du jongleur lui-même – est *l'absence* apparente d'un aide (soi-disant due à une maladie) ; cette absence est, comme le récit le sous-entend, purement accidentelle, imprévue et, au moment de l'action, totalement à l'insu du maître et du public qui assiste à ce spectacle.

Ce n'est pas que l'absence du nain fasse « l'affaire » (en effet, le ballon danse et tourne parfaitement en sa présence). Ce qui est si déconcertant et exaltant est bien que son *indisponibilité apparente* pendant le dernier spectacle *n'empêche pas* que l'acte spectaculaire se déroule. Nous pourrions même dire que ce cas de figure – qui est basé sur des preuves circonstancielles dont un témoignage dans une lettre écrite ou autorisée par Rastelli en personne – établit en effet cet « acte » quasi magique, ou plutôt, mystique et miraculeux (pour autant que nous puissions utiliser ces deux derniers termes de manière interchangeable). L'indisponibilité apparente de l'aide devrait suffire à déconcerter le public – et nous aussi, qui écoutons ou lisons ce récit. Pour être plus précis, il faudrait dire que pour les observateurs fascinés, la question de savoir s'il y a un petit aide ou non (qu'il soit un nain, ou quelqu'un d'autre) dans le ballon dansant ne paraît même pas se poser.

Au contraire du ballon dansant, le joueur d'échecs mécanique, comme Benjamin le décrit, a besoin d'une aide humaine, dont la « force » peut même être infime, « petite », et « faible » ; son caractère et sa fonction « messianique » ne résidant nulle part ailleurs (dans les termes de Benjamin). Ceci constituerait alors la différence cardinale entre le récit et la parabole (ou la thèse). Mais est-ce vraiment le cas ?

Doit-on, en effet, croire que le nain dans le joueur d'échecs mécanique est en charge de toutes ses actions (de décision, de stratégie, et de tactique) dans la partie ? Et devrait-on formellement et matériellement distinguer cette dernière des mouvements purement mécaniques que le dispositif doit faire, en particulier lorsqu'il exécute ce qui semble être (dans la description de Benjamin et la reconstruction de Poe) un ordre, une instruction, commandés par « l'esprit » ? Rien n'est moins sûr. Et pourtant, quelle que soit la réponse à ces questions, et en contraste avec le récit de Rastelli, Benjamin brosse le portrait d'une « théologie » dans la parabole de la première thèse, dans ce qui paraît n'être qu'une position instrumentale, comme une force dont le caractère véridique est au moins secondaire, sinon *pragmatique*. La théologie entre en scène non pas comme l'ancien *deus ex machina* mais sous la forme d'un exercice savant de la pensée, et de l'esprit (âme ou fantôme). Le nain est dissimulé dans la machine dénuée d'idées et d'esprit, à la place de laquelle il prévoit et exécute toutes les actions (décisives, stratégiques et tactiques), pour préparer – et normalement, pour assurer – sa victoire *instantanée* qui est immédiatement visible. Voilà une victoire qui, comme les autres thèses nous le rappellent, n'est pas établie comme procédé, comme approximation ou négociation, mais apparaît plutôt comme rien de moins qu'une illustration immédiate de révolution et de rédemption. En effet, sans l'aide de son pilote caché, au service du dispositif plus large, le joueur d'échecs mécanique, l'image parfaite du matérialisme historique, serait réduit à une impuissante « force » matérielle, politique et sociale, et par conséquent, paradoxalement « plus faible » que l'esprit lui-même (tout comme le fantôme des restes de la théologie, qui ainsi préfère rester caché).

Et pourtant, à moins que le nain, c'est-à-dire « la théologie », n'imite *librement* un mouvement plus fondamental, ou une série de coups auxquels il ne contribue que peu ou prou, il est difficile de ne *pas* conclure que, quelque part, il est emprisonné ou assujetti, comme l'*ancilla machinae* plutôt que le maître et l'esprit du Turc. En réalité, Benjamin présente la théologie non pas simplement comme quelque chose d'invisible, mais plutôt de « desséché » et qui est gardé (ou qui a vocation à être gardé) « hors de vue », jusqu'au point où on ne peut plus dire si elle est présente, ou si elle devrait l'être. Tout se passe comme si la théologie « inverse » ou « autre » que Benjamin évoque tant devrait être présente, *comme si ce n'était pas le cas.*

Nous nous trouvons au beau milieu d'une scène, d'un scénario, ou d'un récital, de nature profondément sceptique, dont l'indétermination ne peut être dépassée sans en appeler à des moyens épistémiques ou *critériologiques*, et ainsi à partir de là, elle ne signale que la co-existence inintelligible – que l'on pourrait appeler une coopération, et en partie, une co-étendue, un parallélisme ou une compatibilité – du mécanique et du théologique, du machinal et du mystique. Leur relation n'est fondée ni sur la communication ni sur un commerce non-discursif, mais elle est plutôt immédiate, c'est-à-dire intuitive et directe.

Le *Deus,* l'*Apò mêkhanès theós* selon les Grecs, ou *deus ex machina* dans la traduction latine, devient ainsi beaucoup plus suggestif, par une vérité et une simple raison métaphysique et politique, qui est que la vie de Dieu ou des dieux se déroule dans l'espace technologique, c'est-à-dire, dans le contexte de techniques artificielles comme « l'entraînement [*Übung*] » à la magie laïque ou presque laïque et tout ce à quoi elle nous prépare (instrumentalement et pragmatiquement, stratégiquement et tactiquement). Au sein de ce domaine, face aux souverains d'âges mythiques et modernes, d'Orient et d'Occident, *soit* ils émergent et surgissent – opérant à des niveaux différents, plus profonds, sinon plus efficacement politiques – *ou bien* ils ne le font pas, selon notre capacité et volonté de voir la matière et l'esprit.

Benjamin avait évoqué Rastelli plus tôt dans ses écrits, dans un fragment qui fait partie de la « Suite d'Ibiza », publié dans le *Frankfurter Zeitung* de juin 1932 et dans un fragment presque identique jamais publié et qui fut rédigé entre avril et juillet de la même année. Ce second fragment en particulier mérite de faire l'objet de longues citations dans ce contexte, puisque, comme notre récit, il est au centre de questions d'imitation et de pratique, de disciple et de maître, de suggestion et de non-intentionnalité.

Là où « Rastelli raconte… » parlait « des années d'entraînement [*vieljähriger Übung*] » du petit aide (« Grâce à des années d'entraînement, il avait appris à épouser les moindres impulsions, les moindres mouvements de son maître ; désormais, il jouait sur les ressorts cachés à l'intérieur du ballon avec l'aisance d'un guitariste sur ses cordes. Pour écarter tout soupçon, le maître et son acolyte ne se montraient jamais ensemble et, en tournée, ne logeaient jamais sous le même toit »[1]) une remarque antérieure de Benjamin s'avère bien plus pertinente :

> Au matin l'élève connaît par cœur le contenu du livre qu'il a placé sous son oreiller, la fortune vient en dormant et la pause est féconde – laisser jouer cet élément est l'alpha et l'oméga de toute maîtrise et son signe distinctif. C'est précisément ce salaire que les dieux mettent au prix de la sueur. Car le travail qui vise un modeste résultat est un jeu d'enfant comparé à celui que la chance convoque. Ainsi le petit doigt tendu de Rastelli convoque le ballon qui vient s'y poser en sautillant comme un oiseau. Les décennies d'entraînement qui ont précédé n'ont en vérité placé « sous son pouvoir » ni son corps ni le ballon mais produit ceci : les deux se sont mis d'accord derrière son dos. Fatiguer le maître par l'assiduité et l'effort jusqu'aux limites de l'épuisement, de telle sorte qu'enfin le corps et chacun de ses membres puissent agir en suivant leur propre raison : voilà ce qu'on nomme entraînement. C'est une suggestion post-hypnotique qui devient efficace ici, dans l'espace intérieur du corps en quelque sorte, tandis que la volonté abdique une fois pour toutes en faveur des organes : de la main par exemple. Il arrive ainsi qu'après une recherche vaine, on renonce à trouver

---

1. *Ibid.,* p. 126-127.

ce qu'on a perdu puis qu'un jour on cherche autre chose et qu'on remette la main dessus. La main s'est chargée de l'affaire et en un tour de main elle s'est mise d'accord avec l'objet qui se dérobait à la volonté acharnée[1].

Dans la lecture proposée ici, le maître-jongleur et l'aide ont tous les deux intériorisé la logique de « l'alpha et l'oméga de toute maîtrise » poussée à l'extrême, jusqu'à son effet spécial. Les « décennies d'entraînement qui ont précédé » et le travail et l'énergie qui y sont liés culminent dans « la convocation » sans peine qui, tout à coup, opère de façon invisible, dans le dos de l'agent en question. Le ballon n'est jamais sous l'influence du pouvoir du maître ou de l'aide, comme si le pouvoir n'était plus la règle du jeu. Plutôt, la rationalité intérieure de « l'entraînement » discipliné du corps est soudainement supplantée et réorientée par l'abdication de la volonté et par ce que Benjamin appelle une « suggestion post-hypnotique ». Celle-ci délivre à son insu une mémoire involontaire (selon le mot de Proust) de ce qui fut oublié mais était néanmoins présent tout du long. Mais, à la différence de Proust, Benjamin insiste sur le fait que cela ne peut s'accomplir que si la « main » de l'homme dans sa tâche « s'est mise d'accord avec l'objet ».

À l'apogée de la carrière du jongleur, dans ce que l'on pourrait appeler son dernier tour, qui se déroule à la cour de Constantinople, après avoir été appelé par un despote oriental, Muhammad Ali Bey, le dirigeant des Turcs, sous une réelle menace de mort si les effets désirés de ce numéro échouaient, notre héros accomplit involontairement ses

---

1. Walter Benjamin, « Espagne 1932 », dans *Écrits autobiographiques*, traduit par Christophe Jouanlanne et Jean-François Poirier, Christian Bourgois, 1990 p. 222-223.

acrobaties extraordinaires avec son ballon démesuré (sphère ou globe, selon l'histoire) une dernière fois. Mais apparemment, cette fois-ci, il y parvient *sans* l'aide de son invisible assistant, puisque ce dernier laisse savoir bien nerveusement par lettre manuscrite qu'il est soudainement tombé malade, n'ayant pu mettre son maître au courant qu'au moment où il devait déjà être dans le ballon.

L'effet spécial du ballon dansant, qui est supposément rendu possible par la manipulation de ressorts mécaniques à l'intérieur de sa sphère arrondie – et donc au travers d'un certain artifice, d'une certaine dextérité et technicité de la part du jongleur et de son petit aide – prend alors une tournure *quasi* miraculeuse, au bout du compte, puisque le jongleur est sûrement le premier à réaliser ce qui a dû se passer. Aux yeux des innocents spectateurs, peut-être est-ce également le cas (ces spectateurs qui, du reste, ont peut-être pris le numéro pour seulement ce qu'ils pouvaient imaginer – et jusque-là, ce que le maître jongleur pouvait penser, comme nous le supposons bien que trop rapidement –, c'est-à-dire un tour de magie). Pourtant, pour nous, lecteurs et auditeurs de « Rastelli raconte… », spectateurs de longue distance, dans le temps et l'espace, l'étonnement n'en est pas moins palpable, tout comme (nous le pensons) il dut l'être pour le jongleur et, à y penser, pour son aide (qui aurait pu ou n'aurait pas pu le prévoir). Nous pouvons donc penser que « de la vraie magie était en jeu après tout ![1] ».

Mais devrions-nous utiliser cette terminologie de « magie » ou même de « vraie magie » ici ?

---

1. Notre traduction de Simon During, *Modern Enchantments*: *The Cultural Power of Secular Magic*, Cambridge, Harvard University Press, 2002, p. 59.

Si le nain, comme la lettre nous le fait comprendre en un premier temps, *n'était pas dans le ballon*, alors un miracle s'est produit [*hat sich ein Wunder ereignet*], à savoir précisément le miracle dont rêvent non seulement les artistes modestes mais aussi les magiciens : le maître a accompli son spectacle sans illusion, sans tricherie, et sans induire en erreur son public, puisque le ballon aurait alors obéi à son pouvoir et son imagination. Son art a ainsi dépassé ses limites techniques-mécaniques, et s'est transcendé tout seul[1].

Comme nous le réalisons peu à peu ou soudainement, le récit défie toute explication, et nous sommes encore plus déconcertés par l'effet spécial que la vision du ballon dansant a sur nous, tout comme il a dû impressionner les témoins à la cour du despote. Mais pourtant, à la différence de ce que d'autres commentateurs ont affirmé, le terme de « magie » n'est jamais utilisé explicitement, alors que le mot de miracle – ici, au pluriel, dans l'allemand original, *Wunder* – l'est. Cet élément seul devrait nous dire quelque chose sur les réverbérations du récit, qui s'ancrent dans les archives plus larges et plus profondes des théologies (soi-disant) classiques des miracles (et de leurs critiques), des philosophies modernes de l'événement (dans les registres phénoménologiques et analytiques), et des théories des médias contemporains des effets spéciaux (des automates jusqu'au cinéma d'Hollywood et au-delà). Si l'on y ajoute la dimension orientaliste du récit, comme nous l'avions fait plus haut, l'image est au complet.

Benjamin dit du maître jongleur :

Il travaillait en effet un peu autrement que ses collègues. Ceux-ci, on le sait, ont été à l'école des Chinois ; c'est d'eux

---

1. Notre traduction de Fries, « Der Jongleur als Erzähler, der Erzähler als Jongleur: Walter Benjamin "Rastelli erzählt…" », p. 265.

qu'ils ont appris à manier bâtons, assiettes, épées et torches. Notre champion, lui, ne cherchait pas le succès dans le nombre ou la variété des accessoires ; il s'en tenait à un seul, de surcroît le plus simple de tous, et qui ne frappait que par sa taille exceptionnelle : un ballon. C'était ce ballon qui lui avait valu son renom universel ; et rien, de fait, n'égalait les prodiges qu'il réalisait par ce moyen. Ceux qui avaient vu le maître à l'œuvre avaient l'impression qu'il jouait plutôt avec un complice vivant, tour à tour docile et récalcitrant, tendre et moqueur, prévenant et défaillant, qu'avec un objet sans vie. Ils semblaient habitués l'un à l'autre et, bon gré mal gré, l'un à l'autre indispensables[1].

En d'autres termes, le jongleur est présenté comme un praticien dévoué qui réalise son tour de la plus simple manière, en évitant les maniérismes et les arrière-pensées de ses collègues, membres d'une guilde de faiseurs de merveilles, qui simulent ou bien manipulent leurs actions (leur *mirabilia*), et le font sournoisement, en étant immergés mais distraits, contrairement à notre « maître » dont la jonglerie fait de vraies merveilles (*Wundern, miracula*), ou constitue elle-même le moyen authentique et involontaire pour y parvenir, pour ainsi dire[2].

Il est possible que le maître jongleur soit, après ou au cours de chacune de ses représentations, tout aussi émerveillé que son public et son aide, et ce n'est jamais autant le cas

---

1. *Ibid.,* p. 126.
2. En ce qui concerne la distinction historique entre *mirabilia* et *miracula*, voir mon article en anglais « Fast Forward, Or : The Theologico-Political Event in Quick Motion (Miracles, Media, and Multitudes in St. Augustine) », *How the West Was Won: Essays on the Literary Imagination, the Canon and the Christian Middle Ages for Burcht Pranger,* ed. Willemien Otten, Arjo Vanderjagt, et Hent de Vries, éd. Leiden et Boston, Brill, 2010, p. 255-280.

que durant les événements que Rastelli nous rapporte. Peut-être n'est-il jamais surpris. Pour peu que nous le sachions, le maître aurait pu déjà se douter que l'aide serait absent au moment crucial, tout comme il n'aurait pas forcément vérifié ou cru que le petit pilote puisse être à son poste à temps pour la représentation, et qu'il soit prêt à faire danser et tourner le ballon. Le jongleur aurait pu également, en mesure préventive, ne jamais compter sur la participation de son assistant, que ce dernier soit *de facto* présent (ou qu'il le croit présent) ou non, absent en congé et sans préavis de quelque sorte qui aurait indiqué au maître de modifier son tour. Et si l'aide, en réalité, était le « maître », ou, au moins, puisqu'il maîtrise tous les mouvements à l'instar du nain bossu dissimulé dans le joueur d'échecs mécanique, s'il constituait l'emblème d'une théologie minimale ou miniature, dans l'appareil – la carcasse ou la coquille vide – du matérialisme historique, comme la première thèse de Benjamin nous le laisse penser ?

La puissance créative du jongleur semblerait alors, dans cette lecture, involontairement *absorber*, *intérioriser*, et *s'approprier* la technique de son assistant, jusqu'à ne plus avoir ni besoin ni envie de son aide. Après quoi, il nous est dit qu'il s'agit de sa dernière représentation, quelles que soient les merveilles (*Wunder*) qu'il serait capable de produire hors du champ de vue du public ou libéré des demandes de despotes orientaux (ici, Turcs), et qu'il produirait pour lui-même (merveilles qui seraient ainsi bien moins magiques qu'auparavant).

Ou bien est-ce que le nain, dans notre récit, n'a fait que *copier* les gestes de télékinésie de son maître au fil de la représentation, en aidant, pour ainsi dire, ce dernier à s'aider lui-même ? Et, la lettre tardive dans laquelle l'aide s'excuse de son absence, tout en suggérant que l'extraordinaire numéro ne devrait pas avoir lieu, pourrait-elle être une simple « ruse » et donc se pourrait-il que « son affirmation qu'il n'était pas dans le ballon en cette mémorable nuit… soit fausse – ce qui changerait tout »[1] ? En d'autres mots, est-ce que le petit aide joue un tour à son maître, est-ce qu'il trompe le trompeur, feint une fausse absence, tout en dissimulant une « présence *de facto* »[2] ? Voici qui élabore une première lecture possible. Autrement, devrions-nous faire l'hypothèse contraire, à savoir que c'est le petit aide qui est l'objet de la tromperie, croyant qu'il n'est *pas* superflu ? N'est-ce pas, après tout, ce que font les maîtres ? Voilà qui serait possiblement une seconde lecture.

Tout ce que l'on sait de façon certaine dans le récit est que la lettre du nain présente « une intense irritation [*grosse Irritation*] » puisque sans elle, ce récit n'est qu'un conte de fées qui ne trouverait jamais sa fin : « Avec la lettre, tout change [*wird alles anders*], et ce qui a débuté comme un conte de fées, n'en est dès lors plus un[3]. » Comme nous le suggérions, la magie ne peut fournir qu'une fin miraculeuse, dont une différence minimale fait toute la différence, pour notre monde et tout ce qui en dépend : la révolution et la restitution de toutes choses, la rédemption, la venue du Messie.

Il en devient plus clair alors que la question n'est pas celle de l'aide apportée par l'aide, ou non – et donc celle de savoir qui du maître ou du ballon contrôlaient les mouvements, et

---

1. Notre traduction de During, *ibid.*, p. 59.
2. Notre traduction de Fries, *ibid.*, p. 265.
3. *Ibid.*, p. 255.

si le ballon dansait seul. Un élément peut en amener à un autre, et ce dernier pourrait nous faire revenir au premier tout de même. C'est le va-et-vient de cette « pratique » historique, entre progrès et sur-place, pour ainsi dire.

Si le jongleur n'a *plus besoin* du nain pour faire danser le ballon, il a donc probablement eu besoin de lui par le passé. Il n'y aurait aucun intérêt à avoir un « aide » caché, si ce dernier ne l'aidait que peu ou pas au cours du numéro. Et, s'il n'avait pas besoin de l'aide pour déplacer le ballon, parce qu'il se déplaçait automatiquement ou bien parce que le maître est capable de le faire danser et bondir par télékinésie, alors il y eut tout de même un besoin apparent de mettre en scène – de phénoménaliser – cette vérité essentielle, afin qu'elle puisse avoir effet dans et par le monde.

La théologie a besoin du matérialisme tout comme la pensée a besoin de son « entraînement [*Übung*] ». Theodor W. Adorno, trahissant sa propre préférence, dans sa correspondance avec Benjamin, ne laisse planer aucun doute sur le fait que cette première s'effondre dans cette dernière, et ce, précisément lorsqu'elle rencontre son essence même, c'est-à-dire, lorsqu'elle y est restituée :

> Restituer la théologie ou plutôt radicaliser la dialectique jusqu'en son foyer théologique ardent devrait signifier en même temps donner l'acuité la plus extrême aux questions socio-dialectiques, voire économiques[1].

Comme Löwy l'explique, il faut lire et interpréter cette « restitution » dans des termes théologique-mystiques et

---

1. Theodor W. Adorno, « Hornberg, 2-4/8/1935 ». *Sur Walter Benjamin*, traduit par Christophe David, Allia, 1999, p. 114.

également matériel-matérialistes[1]. Les deux références, bien qu'elles semblent provenir d'archives et de doctrines fortement différentes, et d'apparences opposées, fonctionnent comme un « système de vases communicants » dans lesquels « le fluide est nécessairement présent dans toutes les branches simultanément »[2]. Ou, pour le dire dans des termes historiques :

> Comment alors interpréter le rapport entre la théologie et le matérialisme ? Cette question est présentée de façon éminemment paradoxale dans l'allégorie [de la première thèse, HdV] : d'abord le nain théologique apparaît comme étant le maître de l'automate, dont il se sert comme d'un instrument ; or, à la fin, il est écrit que le nain est « au service » de l'automate. Que signifie ce renversement ? Une hypothèse possible c'est que Benjamin veut montrer la complémentarité dialectique entre les deux : la théologie et le matérialisme historique sont tantôt le maître, tantôt le serviteur, ils sont à la fois le maître et le serviteur l'un de l'autre, ils ont besoin l'un de l'autre. Il faut prendre au sérieux l'idée que la théologie est « au service » du matérialisme – formule qui inverse la traditionnelle définition scolastique de la philosophie comme *ancilla theologiae* (servante de la théologie). La théologie pour Benjamin n'est pas un but en soi, elle ne vise pas la contemplation ineffable des vérités éternelles, et encore moins, comme pourrait le faire croire l'étymologie, la réflexion sur la nature de l'Être divin : elle est au service de la lutte des opprimés. Plus précisément, elle doit servir à rétablir la force explosive, messianique, révolutionnaire, du matérialisme historique – réduit à un misérable automate par ses épigones. Le matérialisme historique dont se réclame Benjamin dans les thèses suivantes est

---

1. Michael Löwy, *Walter Benjamin. Avertissement de l'incendie. Une lecture des thèses « Sur le concept d'histoire »*, Paris, Presses Universitaires de France, 2014.
2. *Ibid.*, p. 87

celui qui résulte de cette vivification, de cette activation spirituelle par la théologie[1].

Pour le dire différemment, comme des éléments naturels différents et *des aspects doubles de la même réalité ou de la nature*, ils suivent une certaine logique de « correspondances » que Benjamin présente, sinon découvre, dans ses études sur Charles Baudelaire. Benjamin nous offre sa version de ce que les exégètes du Nouveau Testament et les théologiens de la Bible ont systématiquement appelé la « réserve eschatologique » de Paul, en ajoutant un « pas encore » dans le « déjà », selon lequel le premier subsiste à une distance quasi infinie du second[2].

L'histoire laisse ouvertes plusieurs questions (délibérément, comme nous devrions le supposer), voire même sans réponses, et ainsi nous ne savons pas *de façon sûre et certaine*, c'est-à-dire sur des bases critériologiques claires, déterminables – et ce n'est pas non plus intuitivement et empathiquement évident – si nous avons affaire à un vrai miracle ou bien une fabrication – comme, disons, une illusion d'optique – qui aurait dupé le public, nous, et le jongleur aussi. En effet, nous ne saurons jamais, malgré toute l'exégèse que nous pouvons endurer sur cette Écriture miniature, dont le récit et la parabole parallèle (dans la première des *Thèses sur le Concept d'Histoire*) ne requièrent rien que l'admiration (c'est l'*admiratio* dans la tradition) et nous invitent, même de façon urgente, à *nous faire notre*

---

1. *Ibid.*, p. 40-41.
2. Voir mon article en anglais « Inverse versus Dialectical Theology: The Two Faces of Negativity and the Miracle of Faith », in *Paul and the Philosophers*, ed. Ward Blanton et Hent de Vries, New York, éd. Fordham University Press, 2013, p. 466-511.

propre idée. Ceci étant dit, il y a trois observations que nous pouvons faire ici.

Tout d'abord, l'histoire suggère que jongler – et par extension (même si nous nous demandons comment et pourquoi) que produire des miracles – présuppose une technique, une technologie, une technicité, même minimale, et ce également quand cette dernière se débarrasse de ses fondements, comme c'est supposément le cas dans le plus frappant des récits de Rastelli. « Vous voyez, dit Rastelli après un moment de silence, que notre art ne date pas d'hier et que nous avons aussi notre histoire, ou du moins… nos histoires[1]. » Tout comme il y a plus d'une histoire dans l'histoire romancée dont il est question, il y a donc plus d'une histoire et d'un récit dans l'histoire de la jonglerie. Les magiciens et les faiseurs de miracles de toutes époques ont, « eux aussi », non seulement leur histoire (« notre histoire » – une contre-histoire, s'il en est, et une histoire qui ne regarde qu'eux) mais en plus, le moins que l'on puisse dire c'est que leurs histoires (« nos histoires ») ne se laissent pas compter, conter et raconter si aisément.

Deuxièmement, que le nain soit présent ou absent, la technicité dépend d'une certaine structure de croyance, à savoir la perception – l'immersion ou l'absorption – des spectateurs ainsi que la croyance de ceux qui « sont témoins » de ce qui s'est passé depuis une distance temporelle et spatiale croissante, quand ils entendent ou lisent le récit (selon ce que, premièrement, Benjamin ou le narrateur veulent nous faire croire, et que maintenant, nous ne pouvons éviter de faire nous-même, alors que nous trouvons ce récit de plus

---

1. *Ibid.*, p. 129.

en plus difficile à déchiffrer et que nous tentons d'accepter sérieusement les possibilités de ses conclusions les plus folles).

Troisièmement, le récit et ses événements sont déconcertants, incompréhensibles, au moins tant que l'on suppose que le nain a dit la vérité et ne cherche pas entièrement à duper, voire contrôler son maître (ce qu'il aurait pu faire depuis un certain temps, même s'il n'aurait pas pu mettre la main – littéralement – sur les préparations en tant qu'aide, et puisqu'il a simplement avoué avoir réalisé qu'il ne jouait aucun rôle, mais plutôt suivi simplement tous les mouvements que son maître dirigeait, que le ballon bougeait automatiquement, ou bien ces deux options à la fois, par pure coïncidence ou en harmonie).

Comme nous l'avons vu, le récit n'exclut pas la possibilité que le nain soit à l'intérieur du ballon et ait feint d'être absent, pour des raisons tout à fait inconnues de nous (et peut-être même de lui), cette fois-ci et, qui sait, d'autres également. Est-ce qu'il couvait et satisfaisait des fantasmes de « revanche » sur son maître pour toutes ces années d'assujettissement (que l'on peut imaginer sous-payées, et peu appréciées), en se retirant à l'apogée de la carrière du maître, et en le lui disant explicitement ?

Il serait possible que le petit aide (qui, ne l'oublions pas, est décrit comme une personne tendre, et qui, alors, ne serait pas prédisposé à la tricherie ou à la revanche – mais qui sait ?) n'ait même pas su ou ne se soit pas souvenu de ce qui s'est déroulé à l'intérieur du ballon lors du spectacle, soit par le *fiat* du maître, ou automatiquement, si le ballon bougeait et dansait par lui-même. De plus, le petit aide a bien pu ignorer s'il a contribué à la représentation ou non (et, sans doute, peut-être dût-il l'oublier pour que les mouvements soient si miraculeux, c'est-à-dire, si naturels).

Soit le maître a accompli le prodige de faire danser le ballon entièrement seul, ou bien c'est l'aide qui était responsable pour ce numéro. À moins que, évidemment, il s'agisse *du ballon seul* qui a toutes les capacités miraculeuses, magiques-mystérieuses, du *mouvement par lui-même*, ou de *l'automatisation*, sans cause autre – externe ou interne, matérielle ou effective, c'est-à-dire déterminante – qui serait à l'œuvre. En d'autres termes, ni le jongleur (que l'on pensait influencer l'objet rotatif à distance) ni le nain (que l'on imaginait installé à l'intérieur pour diriger ses mouvements) ne tiraient les ficelles invisibles, immatérielles, mécaniques. Ils seraient donc incapables de conduire le ballon *de l'extérieur* ou *de l'intérieur*.

Il y a bon nombre de raisons pour éveiller un scepticisme on ne peut plus philosophique – un scepticisme du monde externe et de l'autre esprit, comme on le nomme parfois – dans plusieurs éléments et aspects de ce récit suggestif de Benjamin. Tout se passe comme si son *expérience de pensée* ou plutôt son *exercice spirituel* (qu'est-ce qu'il pourrait être d'autre ?) essayaient d'émerveiller, de fasciner, de déconcerter, de faire rire, voire même d'instiller une vision mythique-métaphysique régressive d'antan, portant le costume dérangeant d'un orientalisme stéréotypé, puisqu'en réalité, Benjamin n'est pas tout à fait étranger à cette imagerie orientaliste, comme nous l'avons vu[1].

---

1. Voir mon article en anglais « Orientalism », *Encyclopedia of Religion*, éd. Lindsay Jones, 2nd éd. New York, Macmillan, 2005, p. 6881-6885.

Ces deux lectures – l'interprétation supra-naturelle, ou plutôt métaphysique d'une part, et d'autre part, l'interprétation ironique-sceptique et naturaliste-matérialiste – sont au fond tout aussi plausibles l'une que l'autre, et peut-être, en effet sont-elles simultanément nécessaires. Leurs perspectives et leurs aspects se complètent et se suppléent. Comme Rastelli le conclut, il n'y a pas une unique façon de comprendre ces choses : sa profession « ne date pas d'hier » et elle a une « histoire » ou plutôt des « histoires » plurielles.

Nous ne savons pas quoi ou qui tire les ficelles en premier, littéralement et au sens figuré. On ne peut pas se fier aux apparences – rien de ce que l'on voit n'est ce qu'il a l'air d'être, ou plutôt n'a *besoin* d'être ce qu'il paraît. Tout dépend de notre *volonté* et notre *capacité* à percevoir les choses, c'est-à-dire que tout dépend de comment nous utilisons notre imagination pour voir un aspect plutôt qu'un autre, mais également des moments de grâce (générale ou spéciale), coup de chance et bonne fortune, par lesquels l'archive nous confère ses dons. Et ce qui provient de nous, au contraire, vis-à-vis de ce qui provient de l'archive, pourrait bien être pris dans la même relation que celle qui lie le maître et l'aide et le ballon dansant dans notre récit, ou bien entre le maestro et le théologien nain et le Turc mécanique.

Que ce récit n'ait aucun but pourrait bien être son but précis. Il pourrait nous guider jusqu'au cœur de cette « logique messianique » d'une part, et d'un matérialisme historique redirigé et interrompu de manière critique, voire d'un marxisme hétérodoxe d'autre part.

Ceci était dit, l'énigmatique et l'émouvant récit de Rastelli nous frappe tout d'abord par son sens aiguisé du caractère *épistémologique* et critériologique de l'indiscernabilité ou indétermination de certains *phénomènes* remarquables : ici, un acte de jonglerie accompli, un effet spécial et un événement authentique, peut-être même un vrai miracle, selon comment – à la lumière de quel *aspect*, pour utiliser le mot de Wittgenstein, *sub specie aeternitatis* ou non – nous choisissons de *voir* et de lire, d'interpréter et d'évaluer les choses qui se sont passées, ou qui, bien plus souvent, ont échoué à se passer.

Il n'y a pas de limite aux problèmes que l'on peut soulever ici, même d'un point de vue seulement narratif. Pour donner un autre exemple : la lettre du petit assistant a peut-être été manuscrite par lui, ou au moins il l'a peut-être signée lui-même. Au moins, nous devons supposer que c'est de cela que les choses *ont l'air* pour son maître, en particulier pour le narrateur, c'est-à-dire celui ou celle qui raconte à Benjamin ou l'auteur le récit de Rastelli, dans une version intitulée « Rastelli raconte… » – ou plutôt « Rastelli raconte *une histoire, une narration*… ».

Le récit ne manque pas d'occasions pour mentir, feindre, se tromper, ou simplement ne pas savoir quoi dire (ou ce que l'on dit), et ces occasions ne sont pas exclues non plus. Elles ne pourraient pas être évitées ou contrôlées, quel que soit *le contexte narratif*, quelle que soit *l'histoire* ou *Geschichte* (qui signifie aussi les procédés concrets-matériels que *le matérialisme historique* pense connaître de façon déterminée, dans ses positions plus orthodoxes ou doctrinaires). Les choses ne pourraient (ou ne devraient) pas être différentes puisque le manque potentiel de rigueur est un besoin logique du récit, du discours humain en général, et c'est aussi la condition même de l'existence – le fait que les êtres finis ont besoin de juger, de décider, d'agir, sans avoir assez d'éléments pour le faire. Dans tous les cas, humainement parlant, nous jugeons, décidons, et agissons sur le fondement de critères qui (comme Stanley Cavell nous l'enseigne une fois pour toutes) peuvent et doivent finalement être décevants.

Voilà précisément pourquoi un concept différent de l'entraînement ou de la pratique, qui établit bien des mensonges à l'encontre de concepts de « volonté » ou « d'intentionnalité » mais mise sur un élément du hasard, et un coup de chance, est bien plus *profondément pragmatique* – même s'il se base sur des forces messianiques faibles – que toutes les théories apparemment plus robustes qui parlent de puissance d'agir révolutionnaire ou de délibération démocratique formelle-procédurale, voire même des deux à la fois.

Que le jongleur opère avec son aide invisible ou non, il n'y a pas de différence observable ou déterminable, de distinction bien cloisonnée entre ce qui serait *soit* un acte fabriqué de toutes pièces, artificiel et mécanique (pendant lequel l'aide fait se déplacer le ballon selon les volontés du maître) *soit* un spectacle authentique et autonome-automatique (au cours duquel le ballon suit merveilleusement les mouvements du maître par lui-même, voire, inspire et sollicite et influence ce dernier).

Plus étrangement encore, ce qui pourrait avoir l'air d'être au premier abord deux opérations distinctes serait peut-être fondamentalement – c'est-à-dire ontologiquement et ontiquement – la même chose, tout en demeurant métaphysiquement – soit conceptuellement et analytiquement – différent à un niveau plus profond d'interprétation.

Et par là, est-ce que notre compréhension de cette chose se fonderait sur une autre faculté intellectuelle, par-delà celles de la perception et de la pensée rationnelle et peut-être même de la raison, comme nous l'appelons de façon commune, c'est-à-dire sur « la science intuitive » ou « l'amour intellectuel de Dieu » dont rêvait Spinoza ? Est-ce là « l'intuition » philosophique, ou pour être plus précis, métaphysique dont Henri Bergson parlait (bien que cette notion soit absente du passage de cet auteur que Benjamin cite) ?

Pour conclure : le récit et la première thèse de Benjamin éclairent bien plus de choses que la configuration parfois idiosyncrasique du spirituel et du matériel, de la magie et de la modernité, de la théologie et du matérialisme historique, du Messie et de la puissance d'agir politique, qui représentent tous des mots-clefs de réflexions plus profondes au sein de la biographie intellectuelle et des œuvres écrites de l'auteur. Ici, les orientations d'abord métaphysiques puis marxistes présumées de ses essais et de son œuvre critique sont sous l'égide de convictions théologiques bien ancrées, et dans tous les cas, sous l'autorité des « Écritures [*Schrift*] » et de la « doctrine [*Lehre*] ». Mais celles-ci, de façon paradoxale, ne signifient rien par-delà un certain *modus loquendi* et *modus agendi*. Et le *modus operandi* spécifique et efficace dont ses travaux technologiquement orientés plus tardifs témoignent, ne constitue pas une exception dans ce format plus large. Pour le dire clairement, ni le récit (« Rastelli raconte… ») ni la thèse (la première des thèses, de surcroît) n'ont une *thèse* ou une forme *thétique*. Elles ne font que présenter et montrer, peut-être même que faire et réaliser ce qu'elles expriment. Plus précisément, il nous faut décider de leur sens et leur donner leur dû. L'interrogation qu'elles soulèvent est alors : comment et jusqu'à quelle limite sommes-nous prêts à assumer certaines conséquences ? Leur vérité est pragmatique.

Dans le récit et la parabole nous avons affaire, semble-t-il, avec une façon différente de « remarquer des aspects » – nous voyons *soit* le canard *soit* le lapin – comme disait Wittgenstein. Nous pouvons être certains de ceci : si nous trouvons que nous « voyons » une opération à l'œuvre au lieu de l'autre, cette « façon de voir » – une « vision du langage » s'il en est – ne peut être justifiée que sur des bases critériologiques non empiriques, historiques, épistémologiques, morales ou esthétiques. Nous admettons ainsi (et revendiquons) que l'opération se déroule sur des « bases » dont la nature et la cause déterminante se dérobent, et ainsi ne peuvent pas être réduites à des états et motivations psychologiques, à des raisons que l'on donne ou prend, même de bonnes raisons.

Que l'on perçoive un phénomène comme un événement authentique ou un effet spécial, qu'il soit le signe d'une magie laïque ou d'un vrai miracle, la lecture proposée et donc l'interprétation voire l'explication qui suivent ne peuvent être rien de moins qu'un miracle : le fruit d'une opération spéciale, disons l'imagination – fiction, « histoire », *Geschichte* – dont nous devons résoudre l'énigme.

6. – *Hors de l'ordinaire*

$\mathcal{D}$ANS SON LIVRE *When Words Are Called For*, Avner Baz a récemment plaidé ardemment en faveur de la philosophie du langage ordinaire (« OLP », dans le jargon anglophone), en la caractérisant comme

> [u]ne forme particulière de critique de la tradition de la philosophie occidentale – qui vise à dissoudre les nœuds et obscurités du discours philosophique, grâce à la prise en compte des usages ordinaires et normaux des termes employés par les philosophes, ainsi que des conditions matérielles – ou dans le monde – qui rendent ces usages possibles et leur donnent leur signification spécifique[1].

Au sujet de ces « conditions matérielles », j'aurai davantage à dire, notamment à propos des termes constitutifs de l'expression utilisée qui inscrivent ce motif dans une longue tradition de la philosophie, non seulement occidentale mais aussi transcendantale. Il y a aussi une référence à l'ordinaire,

---

1. Avner Baz, *When Words Are Called For: A Defense of Ordinary Language Philosophy*, Cambridge et Londres : Harvard University Press, 2012, p. 2.

au quotidien, c'est-à-dire à un motif qui entretient un rapport indirect et parfois dissonant avec celui des *pragmata* anciens, pour ne rien dire ici du pragmatisme moderne. Et entre ces deux traditions, le prétendu perfectionnisme moral joue un rôle intermédiaire.

Pour l'instant, le terme clé est celui *d'usage*, ou plus précisément, des « usages ordinaires et normaux » mentionnés plus haut. En effet, Baz, ainsi que de nombreux représentants du même courant philosophique, suggère que les philosophes du langage ordinaire font appel à cette notion d'usage, sans pour autant nécessairement y voir un critère pragmatique – et encore moins pragmatiste – d'évaluation de la valeur de vérité ou de la réussite d'un énoncé linguistique – sa « félicité », pour employer le vocabulaire de J. L. Austin dans *How to Do Things With Words* (en français : *Quand dire c'est faire*). Il s'agit plutôt, précise Avner,

> d'un genre particulier d'*accomplissement* humain, si humble ou ordinaire soit-il, qui s'oppose non pas au fait de mentionner les mots [une idée que l'on retrouve dans la distinction bien connue entre « mention » – comme on le voit dans l'usage dit métaphysique du langage – et « usage » à proprement parler, HdV], mais de les laisser *sans emploi*, (« *letting them idle* », en anglais), au sens où l'on n'effectue aucun travail (véritable) avec eux[1].

L'acte de fixer ou d'hypostasier les termes du discours philosophique en les retirant de leur contexte ou de leur sens courant, de leur « valeur d'échange » propre, ou originelle, ou de leur « circulation » même, n'est-ce pas simplement là le jeu ainsi que la limitation de la métaphysique moderne ? Après tout, comme insiste Avner à juste titre :

---

1. *Ibid.*

la question de savoir si l'on fait véritablement *usage* des mots que l'on prononce – que ce soit au sein du discours philosophique ou en dehors – et si oui comment cela se fait, ne pourra jamais se régler simplement sur le plan empirique[1].

En d'autres termes, ni l'observation sensible, ni le raisonnement inductif en tant que tels ne suffisent pour venir à bout du discours de la métaphysique, pour mettre fin à *son* usage étrange des mots et des choses ainsi impliquées. Il ne semble pas non plus possible de prétendre que l'analyse conceptuelle ou les ontologies réalistes – voire naturalistes et encore déterministes, réductionnistes ou cognitivistes – soient nécessairement capables d'en dissiper les charmes, les besoins et désirs autant que les apparences, ou plutôt les chimères. Au contraire, comme l'ont souvent rappelé les philosophes du langage ordinaire, l'éclaircissement de ces questions et les tentations et illusions (transcendantales et autres) dont elles font preuve est une affaire de « logique » à proprement parler, de « grammaire » avant tout.

Chacun de ces outils d'explication et d'interprétation ainsi affirmés et redéfinis serait alors en mesure de tenir la promesse et d'accomplir la tâche ultime que se fixait déjà la rhétorique ancienne et nouvelle, voire peut-être même la philosophie critique et transcendantale moderne ainsi que le pragmatisme contemporain. Mais, ce faisant, la logique et la grammaire du langage informel et quotidien permettraient aussi, paradoxalement, des associations et des ambitions quasi mystiques ou même théologiques et éthiques. On peut penser évidemment au *Tractatus* et aux *Recherches*, de même qu'à la phénoménologie linguistique

---

1. *Ibid.*

d'Austin qui ne défendrait en apparence aucune conviction, hormis celle de l'acceptation et de l'amélioration de la description donnée, du portrait des choses dites. Une seule exception, semble-t-il, serait l'insistance, ici et là, sur un motif ancien et « tragique » et une intuition résolument moderne et « spéculative », dont nous n'avons, peut-être, pas encore tiré les conséquences philosophiques et pragmatiques, éthiques et politiques. C'est d'autant plus étrange, qu'elles sont tout à fait remarquables, pour ne pas dire révolutionnaires ou, simplement, *extraordinaires*. Nous y reviendrons.

En bref, il semble impossible de régler les questions de la donation de sens des mots et des choses et de la confirmation de leur *usage* actuel, ordinaire ou normal, à l'aide d'un *critère* simple, sans ambiguïté ou non-problématique, qui permettrait de distinguer entre sens et absence de sens – sans même parler de « non-sens » – que les principes vérificationnistes et falsificationnistes, visant à identifier la *référence* exacte ou la pleine *signification* d'un énoncé, seraient capable d'établir de manière fiable. Ces principes qui nous viennent de l'âge d'or du positivisme logique ainsi que de l'empirisme de la philosophie largement anglo-américaine d'avant et d'après-guerre, y compris de leurs homologues naturalistes et cognitivistes, voire, sous d'autres formes, de leurs successeurs post-analytiques en néo-pragmatistes, font la base d'une sémantique (formelle ou pas) qui se révèle incapable de contrôler, expliquer et interpréter la façon dont les mots et les choses fonctionnent et obtiennent, gardent et perdent leur force et leur ampleur, leur poids et leur profondeur. Et c'est là que nous rencontrons le « tragique » et le « spéculatif » de la philosophie du langage ordinaire : dans ses moments les plus hétérodoxes et insolites, c'est-à-dire dans son rapport à l'extraordinaire même, à ce qui échappe au consensus moderne et bien établi de la philosophie dite empiriste, analytique, voire réaliste, qui tourne autour du primat de n'importe quel critère épistémologique, logique, linguistique, ou normative. En fait, comme Baz nous le rappelle dans *When Words are Called For,* lorsqu'il situe la « pulsion » critériologique plus tôt encore :

> le philosophe du langage ordinaire ne prétend pas, contrairement à Kant, que l'on peut savoir à l'avance lequel de nos mots ou de nos concepts est susceptible de nous créer des « ennuis » philosophiques, et de quelle manière ces problèmes apparaîtront. Le philosophe du langage ordinaire ne pense pas non plus que *l'habitat naturel* de toutes les obscurités ou confusions propres au discours philosophique soit celui de l'enquête empirique, basée sur le modèle des sciences naturelles[1].

En effet, prétendre que l'on pourrait « dépasser la métaphysique » grâce à « l'analyse logique du langage » – comme ont fini par le soutenir Rudolf Carnap puis Alfred Ayer, en prenant pour cible tantôt Martin Heidegger, tantôt Spinoza, selon ce qu'ils jugeaient opportun – revient à passer complètement à côté de l'essentiel du tournant vers l'ordinaire dans son exposition à l'extraordinaire (tragique ou spéculatif) même. Pour le dire avec les mots de Baz, tous ces efforts critiques modernes, naturalistes ou constatifs, expriment une

> incapacité à prendre en compte la signification philosophique… de l'acte qui consiste à prononcer une suite syntaxiquement correcte de mots plus ou moins familiers

---

1. *Ibid.*, p. 221, nos italiques.

qui pourtant ne veulent rien dire, ou du moins rien de clair, ou rien que l'on puisse considérer comme un énoncé que l'énonciateur aurait pu vouloir dire. Mais c'est précisément cette possibilité-là [à savoir, celle de ne pas faire sens en général ou du sens de manière métaphysique, ou au sein du discours métaphysique antique ou moderne HdV] qui est au cœur des préoccupations du philosophe du langage ordinaire[1].

L'essentiel ici est que nous ne savons pas toujours ce que nous disons et en effet, nous ne devons pas toujours savoir ou vouloir dire ce que nous disons. Et, par conséquent, tous ces malentendus, faux-semblants et, parfois, mensonges que l'on s'adresse à soi-même ; tous ces ratés, ces énoncés qui manquent de sérieux ou de sincérité, tous ces discours fictifs, bref, tous ces exemples auxquels les théoriciens des actes de langage accordent une place si centrale, sont une *possibilité permanente* de tous nos énoncés, actes et jugements. Nous avons à faire à une condition *quasi transcendantale*, de toute façon *virtuelle* et non pas seulement « matérielle », comme le présupposait pourtant la référence aux conditions « dans le monde » dans le propos de Baz qui était notre point de départ. En d'autres termes, les mots et les choses, nos actes de discours autant que nos expériences et notre réalité, ne dépendent pas exclusivement des connexions causales ou intersubjectives qui feraient toutes parties intégrales de notre « être au monde avec les autres », comme l'aurait décrit Heidegger.

En somme, les malentendus, faux-semblants et mensonges, les ratés et les énoncés qui apparemment manquent de sérieux ou de sincérité, comme les discours

---

1. *Ibid.*, p. 12.

fictifs ou théâtraux, sont autant des rappels d'une expérience et d'une réalité « hors » de ce monde ou, en tout cas, pas simplement « de ce monde ». Leurs opposés putatifs – que ce soit un discours ou un énoncé direct ou droit, une écriture claire ou un acte authentique, sérieux et sincère – sont alors possibles, souhaités ou choisis, reconnus ou évités (pour le dire avec les mots de Stanley Cavell), sur des « fondements » invoqués et employés complètement autres (et bien plus fragiles) que des conditions épistémologiques ou critériologiques, voire encore autrement normatives. En effet, leurs bases ne sont en aucun cas des « conditions de possibilité » fermes et fixes, mais au contraire, rien d'autre que des suppositions ou hypothèses bien plus faillibles et vulnérables que la tradition philosophique et métaphysique moderne l'imagine. Comme le dit Cavell, ce sont des « appels » que nous sommes constamment contraints de formuler et de reformuler sans aucune certitude (*claire et distincte*) en vue.

On pourrait même être tenté d'ajouter (même si Baz ne souhaite peut-être pas aller aussi loin) que c'est précisément cette intuition, ou le flair de cette prémisse assez spéculative, qui font de l'ordinaire et du quotidien des notions bien plus « étranges » – c'est-à-dire plus extrêmes, inquiétantes, sublimes et parfois horribles – que semblent l'entendre les défenseurs *et* les détracteurs de la philosophie du langage ordinaire. La seule exception à ce consensus fatidique, je crois, pourrait être Cavell lui-même, bien qu'une telle affirmation exigerait que nous le lisions moins comme il s'est lu lui-même au départ qu'à contre-courant, pour ainsi dire. Plus précisément, il s'agirait de le lire comme il le fait déjà dans ses derniers essais, dans lesquels il propose à la fois ce qui pourrait facilement (mais pas nécessairement) être considéré comme une série de *rétractations* sur ses déclarations antérieures et une interprétation beaucoup plus radicale de leur sens profondément pragmatique et « passionné »[1].

Mais dans ce cas, il serait tout aussi facile de prétendre que tout cela est *de fait et en principe* déjà anticipé dans l'idée la plus originale des *Voix de la raison*[2], selon laquelle les prétendus critères peuvent à chaque instant nous « décevoir » et, à vrai dire, nous « décevrons » trop souvent. Pour ne citer qu'un seul exemple de formulations de cette idée importante que l'on retrouve dans un autre texte :

> Qu'il n'y ait pas de marques ou de signes… par lesquels distinguer l'authentique et le vrai du faux et du feint est une manière de dire la découverte de Wittgenstein… selon laquelle il n'y a pas ce qu'il appelle des critères pour distinguer le rêve et la réalité, l'animé et l'inanimé, la sincérité ou le sérieux et le creux ou le traître ; il n'y a donc aucun moyen de *bloquer* la menace du scepticisme… La capacité de comprendre est la même que la capacité à tomber dans le malentendu ou l'incompréhension, de même que les capacités de marcher et parler sont les mêmes que les capacités de trébucher et de balbutier[3].

---

1. Pour une discussion de ce dernier motif, voir mon « Must We (NOT) Mean What We Say? Seriousness and Sincerity in J. L. Austin and Stanley Cavell, » *The Rhetoric of Sincerity*, éd. Ernst van Alphen, Mieke Bal, and Carel Smits, Stanford, Stanford University Press, 2009, p. 90-118, et aussi « The Passionate Utterance of Love » dans *Love and Forgiveness for a More Just World*. Co-édité avec Nils F. Schott, New York, Columbia University Press, 2015, p. 191-234.

2. Voir Stanley Cavell, *Les Voix de la raison. Wittgenstein, le scepticisme, la moralité et la tragédie*, trad. S. Laugier et N. Balso, Paris, Éditions du Seuil, 1996.

3. Stanley Cavell, *A Pitch of Philosophy*, Cambridge, Mass., Harward University Press, 1994, p. 102, 111, tr. fr. Laugier S., et Domenach E., *Un ton pour la philosophie*, Bayard, 2003.

Dans un essai ultérieur, « L'événement wittgensteinien »
(« *The Wittgensteinian Event* ») dans *Philosophy the Day After
Tomorrow*, cette idée est exprimée encore plus clairement :

> ce que les recherches grammaticales réalisent avec l'usage du
> critère est… décevant (cela ne résout pas complètement l'in-
> quiétude), et suggère une irréductible capacité, constitutive à
> l'être humain, d'être déçu. Davantage de recherches gramma-
> ticales ne parviendront pas à cerner cette capacité[1].

Ce qui est une autre façon de dire qu'il n'y a pas de solution *philosophique* ni par ailleurs scientifique à ce problème,
le problème prédominant dans tout acte de prédication,
qu'elle soit discursive, constative ou performative, voire
même prié ou bien sifflé. Même la grammaire – pour ne
rien dire de la « théologie en tant que grammaire » – semble
incapable de régler le problème selon lequel l'usage et la
projection ultérieure des mots et de leurs critères uniques
(naturels ou conventionnels, normaux – et donc normatifs –
ou non) ne garantissent aucunement leur compréhension,
ni leur sens, entendu ici au double sens de « *meaning* » et
« *sense* ».

Accepter cela serait reconnaître le fait fondamental que la
capacité philosophique est celle d'une « réaction » ou d'une
« réponse », le fait qu'elle « ne parle pas en premier » et surtout
n'a pas le dernier mot, ce qui tout de même lui laisse à accomplir quelque chose de moins certain mais de plus important
encore. Comme Cavell le précise, « certains » trouveront
qu'un tel fait réserve à la philosophie « une ambition trop
passive »[2]. Pourtant, cela n'implique pas pour autant qu'elle

---

1. Cavell, *Philosophy the Day After Tomorrow*, Cambridge, Mass., The Belknap Press of Harvard University Press, 2005, p. 209-210.
2. *Ibid.*, p. 212.

n'ait aucune base *expérientielle*, ou n'exprime aucune « figure d'expérience » unique ou qui lui soit propre. Mais, il s'avère que cette « figure d'expérience » ne montre ses contours qu'*in obliquo*, rétrospectivement, et par contraste, parfois même par opposition. Ralph Waldo Emerson parlait d'*aversion*. Et, comme le note Cavell pour sa part :

> Le fait que je me revendique d'un héritage issu de la tradition philosophique empiriste ne signifie pas que je cherche à produire, ou à justifier, des éléments empiriques qui serviront de preuves pour une théorie, mais à exiger de tout ce que je veux dire (ou de tout ce qui me pousse à vouloir dire), la capacité de résister à la tentation de me trouver perdu ou insensible face au monde de ma propre expérience, ce qui impliquerait d'abandonner ma capacité à juger de la justice du monde[1].

Cette résistance, si nécessaire et tant souhaitée, conduit Cavell à remettre en question certains des « termes de la critique » les plus célèbres de Wittgenstein, à savoir quand il mentionne « notre tendance à nous cogner la tête contre les limites de notre langage, ou à nous laisser induire en erreur par la grammaire », deux motifs qui semblent impliquer que les « limites » – ou ce qui est ici entendu par « grammaire » – sont, d'une manière ou d'une autre, « fixées »[2] dans leur portée à un niveau syntaxique ou pragmatique.

À la différence d'Austin, avec son prétendu désintérêt quasi total pour les « profondeurs » métaphysiques qui pourraient ainsi se frayer un chemin et se nicher au cœur des portraits dressés du « sujet moderne » ou de « notre culture », Wittgenstein, d'après la lecture de Cavell, ne semblerait pas convaincu par l'idée qu'une matrice

---

1. *Ibid.*
2. *Ibid.*, p. 206.

conceptuelle, linguistique ou spatio-temporelle, historiquement ou empiriquement donnée, puisse nous dire une fois pour toutes qui nous sommes, et ce que nous sommes en droit ou non de dire et de faire. Et si l'on doit croire le portrait que Cavell peint de ces deux auteurs, Wittgenstein serait ici le plus imaginatif, le plus spéculatif des deux. Cela dit, un autre portrait reste néanmoins possible. Comme nous allons le voir, Isaiah Berlin raconte une anecdote intéressante bien que très étrange à propos du tempérament philosophique de son collègue Austin qui nous suggère que les commentaires de ce dernier à ce propos montrent exactement le contraire d'une déférence à une conception de l'ordinaire aplatie ou réductionniste. C'est ce côté spéculatif autant que tragique de l'œuvre d'Austin, révélé en partie par sa réception chez Cavell, que nous voudrions explorer dans ce qui suit.

Explorant les limites de la philosophie du langage ordinaire, voire au-delà de la recherche des concepts de naturalité, de conventionnalité et de normalité, Berlin se souvient avoir posé à Austin une question remarquable qui reçut une réponse des plus surprenantes :

> Imaginons qu'un enfant exprime le désir de rencontrer Napoléon au moment de la bataille d'Austerlitz ; et que je dise « Cela n'est pas possible », et que l'enfant demande « Pourquoi pas ? », et que je réponde : « Parce que c'est arrivé dans le passé, et que tu ne peux pas à la fois être vivant maintenant et il y a cent ans, et garder le même âge », ou quelque chose dans le genre. Et que l'enfant continue à insister et demande « Pourquoi pas ? », et que je dise « Parce que ça n'a pas de sens, dans notre manière d'utiliser les mots, de dire que tu peux être à deux endroits à la fois ou "retourner" dans le passé » etc. ; mais que cet enfant hautement sophistiqué réplique : « Si ce

n'est qu'une question de mots, alors est-ce qu'on ne pourrait pas simplement changer notre usage linguistique ? Est-ce que cela me permettrait de voir Napoléon à la bataille d'Austerlitz, et, bien sûr, de rester aussi comme je le suis maintenant dans le temps et l'espace ? » – Que doit-on répondre à cet enfant (ai-je demandé à Austin) ? Simplement qu'il a confondu les modes matériels et formels, pour ainsi dire ? Et Austin de répondre : « Ne parlez pas ainsi. Dites à l'enfant d'essayer de retourner dans le passé. Dites-lui qu'il n'y a aucune loi qui l'interdise. Laissez-le ou -la essayer. Laissez-le essayer, et voyez ce qui se passe ensuite[1]. »

Austin croit-il que l'enfant puisse réussir ? Ou plutôt, pense-t-il apprendre mieux ou davantage en essayant (et en échouant) ce qui est possible et ce qui ne l'est pas ? La différence importe peu face à la conviction selon laquelle il n'y a ni « loi » (naturelle ou autre), ni convention, ni peut-être même de maxime normative ou de règle, qui doivent ou qui puissent nous empêcher de sonder plus en profondeur que les moyens à notre disposition dans le présent, quels qu'ils soient ou quelle que soit leur valeur ; peu importe le degré de déterminisme – au sens métaphysique ou théologique – par rapport à ce qui *est* et qui, certainement ne *doit* pas être, dans le monde comme nous le trouvons de prime abord.

Ce n'est donc peut-être pas tout à fait exact lorsque Cavell affirme qu'il est

essentiel à la pensée de Wittgenstein (et non pas celle… d'Austin) de justifier une certaine vulnérabilité philosophique, ou une tendance à insister sur non-sens, comme si la capacité

---

1. Isaiah Berlin, « Austin and the Early Beginnings of Oxford Philosophy », dans Isaiah Berlin e.a., éds., *Essays on J. L. Austin*, Oxford, Clarendon Press, 1973, 1-16, 15.

de destruction du sens était la même que celle de faire sens, et mise au service de ses propres désirs[1].

Chez Austin, du moins ici et là, cette « vulnérabilité philosophique » est pleinement affirmée. Pour autant, pour Austin aussi, cette capacité à ne pas faire sens ou à propager des non-sens, est surtout la marque d'un être indiscipliné, imprégné du tragique et de la finitude humaine, un être au service de ses désirs les plus profonds, implicites, pour ne pas dire inconscients[2].

C'est dans la notion même d'ordinaire (souvent prise au sens de « quotidien », ou plus précisément, du « bon » ou du « mauvais » « quotidien ») que le « mieux » et le « moins bon » – voire le meilleur et le pire – coexistent, ou plutôt oscillent et alternent. C'est ce qui, d'emblée, introduit une perspective binoculaire ou un double aspect, voire même une vision légèrement schizophrénique du monde au sein duquel nous marchons et parlons, dans ces notions apparemment naturelles, conventionnelles et réalistes, qui arborent de manière trompeuse leur apparence non-problématique et non-ambiguë.

Cette dimension de *profondeur* à la fois existentielle et politique – dimension qui a aussi une *ampleur globale* – à laquelle la quête de l'ordinaire peut certainement nous conduire et nous exposer, est également celle de « l'extraordinaire ». Cette dernière notion s'articule en au moins deux notions extrêmes, à savoir celle du « sublime » et celle de « l'horreur », entre lesquelles on trouve aussi tant

---

1. Cavell, *Philosophy the Day After Tomorrow*, p. 204-205.
2. Voir, Gilles Lane, « Introduction, » dans J. L. Austin, *Quand dire, c'est faire*, traduction et introduction de Gilles Lane, postface de François Récanati, Paris, Éditions du Seuil, 1970, p. 14.

« d'inquiétante étrangeté » que de « banalité ». Il va sans dire, et Austin comme Cavell y insistent beaucoup, que de telles notions peuvent parfois se faire passer pour des *profondeurs,* des faux-semblants métaphysiques, c'est-à-dire pour des images trompeuses, voire des « idoles » (comme le dirait Wittgenstein) des mondes auxquels nous appartenons quasi naturellement. Mais cela ne met pas en cause leur importance ou même leur « valeur absolue », comme le soutiendra le Wittgenstein de la *Conférence sur l'éthique*[1].

Encore une fois : la notion d'ordinaire – et celle de quotidien, à laquelle elle se réfère souvent indirectement – ne doit donc pas être comprise simplement comme l'ensemble des « conditions matérielles » d'un monde ou d'un quotidien « banal » dans lequel nous aurions « chuté » ou au sein duquel nous « habiterions » et serions toujours déjà « chez nous », ici sur Terre, créatures finies et bornées que nous sommes. Au contraire, il faudrait la penser comme ce vers quoi on s'élève et se perfectionne dans *une ascension* dans lequel on monte puis aussi descend « hors de l'ordinaire ». Ainsi comprise, la notion prend le sens d'une liberté, d'un espace purement virtuel, qui vient ajouter une dimension supplémentaire, une perspective ou un aspect de plus en plus *étrange*. Et c'est en ce sens, précisément, que l'on pourrait la décrire comme « extra-ordinaire », en dehors de l'ordinaire tel que nous le pensons ou le connaissons pour la plupart du temps et dans la vaste majorité des situations dans lesquelles nous nous trouvons et, il faut ajouter ici, dans lesquelles nous nous perdons.

---

1. Ludwig Wittgenstein, *Conférence sur l'éthique, suivi de Notes sur des conversations avec Wittgenstein de Friedrich Waismann*, traduit par Jacques Fauve, dossier et notes réalisés par Julien Jimenez, Paris, Éditions Gallimard, 1971, 2008.

À la fois davantage et autre chose que simplement ordinaire, cet ordinaire dont on émerge – même avec l'intention ou l'ambition et la tendance d'y retourner ensuite – serait ainsi la plus insolite de toutes les catégories, intellectuelles et pratiques, expérientielles et même spirituelles. Beaucoup plus qu'une catégorie, cette notion a un côté tragique ainsi que spéculatif dont Austin, avec et contre Cavell, semble profondément troublé, et peut-être même profondément marqué. En un mot, il s'agirait d'une intuition profondément métaphysique et tout aussi profondément pragmatique quant à son idée-même, quant à son impact général, qui simultanément réorienterait les enjeux et le chemin ouvert et pris par la philosophie moderne, avec des implications et des conséquences que nous n'avons pas encore commencé à explorer dans toute leur ampleur. Et cette intuition se laisse caractériser en termes d'émerveillement et de miracle (« le miracle de la référence inclus ») même.

Il y a donc une ascension vers l'ordinaire, de là où nous nous trouvons ici-bas, depuis son « dehors ». Mais il y a également une descente, un retour vers ce lieu où nous étions perdus, pas tout à fait nous-mêmes. Pour le dire avec les termes de Martin Luther : le premier mouvement (c'est-à-dire, ascensionnel) nous libère « de Tout, de toute chose et de tout le monde », tandis que dans le second mouvement (c'est-à-dire la descente) nous sommes sujets ou « assujettis », « serviteur de tous ». Et pour chacun des mouvements, en supposant que nous pouvons les distinguer plus clairement, il manque un « dernier terme » qui puisse, en tant que tel, être « atteint ». D'où notre « angoisse spirituelle ».

Et c'est dans ce même sens que Hadot remarque que « ce que Wittgenstein appelle *mysticisme* a un rapport au monde », puisque « l'élément mystique » est dû au « fait de l'existence du monde » ; au « sentiment du monde comme totalité limitée », comme le dit Wittgenstein lui-même, ou au fait de « contempler le monde *sub specie aeterni*[1] », ce que seule une « expérience exemplaire » et donc singulière et unique est en mesure de nous offrir une fois pour toutes ou plutôt dans une série d'exercices spirituels répétés à l'infini.

Pour le dire de manière quelque peu ambiguë, mais c'est précisément cela qui révèle mon argument : ce n'est que *hors de l'ordinaire*, depuis le dehors de l'ordinaire – c'est-à-dire l'au-delà et l'avant, voir même ce qui se tient autour de l'ordinaire, et que l'on peut nommer l'extra-ordinaire (c'est-à-dire, ce qui est peut-être davantage que simplement ordinaire, ou davantage que « l'ordinaire » au sens ordinaire du terme) – que nous revisitons ou re-voyons voire ré-visons le quotidien, ce que nous nous devons de faire au quotidien, à chaque étape de notre parcours. La notion même d'ordinaire touche à – et est fondée sur – la difficulté qu'il y a à la démêler et la séparer de celle d'extraordinaire, de sorte que « l'extraordinarité de l'ordinaire » et « l'ordinarité de l'extraordinaire » (« l'ordinaire extraordinaire » et « l'extraordinaire ordinaire ») soient au cœur de la question. La sublimité et l'horreur ne sont pas les pôles extrêmes vers lesquels les aspirations métaphysiques et religieuses nous attirent fatalement, mais plutôt la *nouvelle norme sans critère strict* avec laquelle la philosophie doit désormais composer.

---

1. Pierre Hadot, *La philosophie comme manière de vivre. Entretiens avec Jeanne Carlier et Arnold I. Davidson*, Paris, Éditions Albin Michel, 2001, p. 211.

Cette idée peut sembler simple et triviale, mais je soutiendrais qu'elle nous oblige à repenser, sinon certaines des prémisses, du moins certaines des interprétations actuelles de la philosophie de l'ordinaire et *a fortiori* de la prétendue philosophie du langage ordinaire (ce qui, devrions-nous ajouter, n'est pas exactement la même chose). Pour commencer, nous devrions imaginer « l'ordinaire » dans des termes paradoxaux, comme un lieu virtuel et *non-localisable*. Plus précisément, s'il y a un nom ou un attrait particulier de « l'ordinaire », c'est celui d'un lieu duquel nous sommes toujours déjà sortis, que nous avons toujours déjà quitté, le « mythique » et proverbial « jardin d'Éden » duquel nous nous trouvons bannis depuis un temps immémorial. En d'autres mots, c'est le vrai paradis que, comme le dit Marcel Proust, nous avons toujours déjà perdu, la « vraie vie » qui, comme l'ajoute Arthur Rimbaud, est « ailleurs ». Et cela sans pouvoir s'attendre à – ni espérer – pouvoir jamais y pénétrer, et encore moins y demeurer ; puisque la notion et oserions-nous dire, son optionalité même, ne connaît pas une actualisation possible ou réalisable. Loin de là, son idée et, si l'on peut dire, sa pratique même et celle d'une sorte de « fiction » nécessaire bien qu'étrangement régulatrice (« *regulate* » c'est le mot que Wittgenstein utilise).

Nous savons que le tournant de l'ordinaire ou vers l'ordinaire tel qu'il a été conçu par Austin et Wittgenstein, ainsi que lu et relu par Cavell, avec l'aide supplémentaire de Ralph Waldo Emerson et de Henry David Thoreau, des tragédies antiques et modernes ainsi que des comédies et du cinéma Hollywoodien, et malgré toutes leurs invocations du « commun » et du « bas » ou du « quotidien », ne se préoccupe que très peu du banal ou du trivial, sans même parler du profane ou du mondain. L'ordinaire c'est l'extraordinaire, le sublime ainsi que l'horreur. Comme Cavell l'écrit dans *Themes Out of School* :

> Ce qu'Austin entendait par « ordinaire »… ne peut être facile à dire. Considérez le fait que le terme ne s'oppose à rien de manière évidente ou établie. Ordinaire par opposition à quoi – si ce n'est à scientifique ou religieux, ou éthique ou littéraire ? Dans mon interprétation d'Austin, le terme s'oppose au domaine du philosophique (ce que Wittgenstein appelle le métaphysique)[1].

Mais qu'est-ce donc qui contraste ou s'oppose au philosophique ou au métaphysique ? En outre, que veut dire Cavell lorsqu'il écrit que tout au long de ses travaux il a cherché

> à articuler les sources de la créativité philosophique au sein même de la dimension destructrice des écrits de J. L. Austin et du dernier Ludwig Wittgenstein – avec tout ce qui les sépare – en particulier dans leur invocation étrange de ce qu'ils appellent l'ordinaire dans le langage et dans les actes[2] ?

Comme l'explique Cavell dans *Les Voix de la raison*, la philosophie du langage ordinaire qui leur est redevable doit être comprise

> non pas comme l'effort qui cherche à rétablir les croyances vulgaires, ou le sens commun, dans une position d'éminence pré-scientifique, mais à *réaffirmer le soi humain* en le sauvant du rejet et du désintérêt de la philosophie moderne. Que le fait même (avec son pourquoi et son comment) de ce rejet ou ce déni ait eu lieu soulève des problèmes… Mon espoir est de

---

1. Stanley Cavell, *Themes Out of School: Effects and Causes*, San Francisco, North Point Press, 1984, p. 37.
2. Stanley Cavell, « Beginning to Read Barbara Cassin », *Hypatia*, vol. 15, n° 4 (2000), p. 99-101, p. 99.

proposer une réponse dans l'arène du scepticisme philosophique traditionnel, et de suggérer que la vision wittgensteinienne du langage (mêlée à une pratique austinienne) et de la philosophie, est un affront envers ce même déni[1].

Cependant, vouloir récupérer ou sauver le sujet humain de – et dans – ce déni, signifie aussi pour Cavell le fait de démontrer et d'illustrer la manière dont un tel déni n'est pas l'erreur propre à la philosophie moderne, mais plutôt une sorte de condition chronique, à vrai dire une in-condition de notre existence et du monde même dans lequel nous habitons, avec les autres, avec ou sans un Autrui.

Cavell cite la « devise » de Wittgenstein, ce par quoi il entend le passage bien connu mais souvent mal compris dans lequel, bien qu'elle n'apparaisse qu'au paragraphe 116 des *Recherches philosophiques*, l'ensemble de l'œuvre semble puiser son inspiration et, pourrait-on ajouter, sa direction spirituelle : à savoir l'injonction que tout ce que nous devons faire est de « reconduire les mots de leur usage métaphysique à leur usage quotidien ». La citation complète est la suivante :

> Lorsque les philosophes utilisent un mot – « savoir », « être », « objet », « je », « proposition », « nom » – et essayent de saisir *l'essence* de la chose, il faut toujours se demander si effectivement [*tatsächlich*] le mot est même jamais utilisé [*gebraucht*] de cette manière dans le jeu de langage qui est son foyer originel [*Heimat*]. Ce que nous faisons, c'est reconduire les mots de leur usage métaphysique à leur usage quotidien [*Verwendung*][2].

Il y aurait ici beaucoup à dire au sujet du terme « essence » – de même que l'on pourrait supposer que « l'actualité »

---

1. Cavell, *Les Voix de la Raison*, p. 154, nos italiques.
2. Wittgenstein, *Recherches philosophiques* par. 116.

ou « l'effectivité » [*Tatsächlichkeit*] de l'usage, conformément aux revendications des propositions du *Tractatus*, n'est pas ce qui importe vraiment ou ce qui intéresse le plus Wittgenstein. Mais je me limiterai ici au fait que, comme le note Cavell dans ses *Exercices Autobiographiques*, le dernier Wittgenstein, plus que tout autre penseur, « a pleinement élaboré une théorie de *la manière dont le langage devient métaphysique* comme il le fait de *la manière dont le langage devient ordinaire*, c'est-à-dire de ce qui est acquis dans l'acquisition même du langage »[1]. Le devenir métaphysique du langage dans son usage même, et son devenir ordinaire à nouveau (ou en conséquence) sont les deux facettes d'une même problématique, dont la tendance ou la conclusion sceptique n'est jamais complètement exclue.

Reconduire les mots de leur usage métaphysique à leur usage quotidien revient à les ramener (ou les faire redescendre) de leurs usages isolés, trop élevés ou tâtonnants, à leur usage courant et vérifié qui – c'est assez étrange – n'est pas simple à déterminer. Après tout, le geste de reconduire des mots implique paradoxalement que les mots, ramenés (ou redescendus) vers leur sens ordinaire (sinon originel) effectuent aussi une *ascension* et une *descente* vers de nouveaux niveaux, à la fois plus *hauts* et plus *profonds,* de clarté et d'intensité, de sérieux et de sincérité. Pendant ce processus, ils reçoivent leur signification, mais aussi leur « pertinence » ou leur « importance » (un terme cavellien que Sandra Laugier a été l'une des premières et des plus importantes philosophes à souligner dans le contexte de l'œuvre de cet auteur).

---

1. Cavell, *Un ton pour la philosophie*, p. 6-7, nous soulignons.

En d'autres termes, les mots qui effectuent ce retour vers leur « chez soi » acquièrent, ou plutôt aspirent à une dimension *de hauteur et de profondeur* qui ne doit pas être confondue avec les vaines élévations et les fausses profondeurs d'antan, à savoir, toutes ces « fictions », « illusions » ou, comme le dit Wittgenstein, toutes ces « images » et « idoles », dont la métaphysique est entièrement responsable, mais qui sont aussi inextricablement liées à la « nature » humaine. Ou, pour le dire plus précisément, qui sont dépendantes des dimensions « horizontale » (c'est-à-dire sociale et conventionnelle) ainsi que « verticale » (c'est-à-dire biologique et, pour ainsi dire, naturelle) de notre « histoire naturelle », de notre onto- et phylo-genèse, de notre part de créatures, si l'on veut.

En suivant ces deux axes, avec la théorisation que nous en faisons, Cavell nous met en garde contre ce qu'il appelle « la réception plus répandue et sur-conventionnelle de Wittgenstein (davantage axée sur notre capacité à construire des jeux linguistiques que sur notre désir de nous libérer de la déception que causent nos constructions) »[1]. Cette mise en garde, à elle seule, pourrait nous conduire à redéfinir de manière radicale le sens et l'intuition du « soi » que « l'humain » exprime et exige à la fois. Après tout, comme le dit Cavell de manière perspicace et paradoxale, voire aporétique :

> l'humain est cet animal qui n'est pas naturel (et pas seulement au niveau épistémologique), condamné à être perpétuellement insatisfait de son sort, au tourment, à la déception, à l'exil et tout le reste – à moins que nous ne voulions dire que la compulsion à vouloir échapper au sort

---

1. Cavell, *Philosophy the Day After Tomorrow*, p. 207-208.

humain, de dépasser ou de venir à bout de l'humain, de risquer la monstruosité, est précisément ce qui *est* naturel pour l'être humain[1].

Et « monstrueux » ne se réduit pas à un simple terme péjoratif ou un avertissement dans ce contexte précis. Pris en son sens littéral ou étymologique, il signifie l'in-forme, qui ne peut que *se montrer* sous ses propres termes, de manière non-critériologique et indexicale ou singulière, en quelque sorte ; et dans tout cas, d'une manière des plus *étranges*. Et il en va de même du « pouvoir démonique » que nous semblons acquérir par là, comme le suggère Cavell dans un idiome remarquable :

> posséder des critères revient à posséder le pouvoir démonique de les retirer à nous-mêmes, de tourner le langage contre lui-même, et de constater que ses critères, par rapport aux autres, ne sont qu'extérieurs ; par rapport à la certitude, sont franchement aveugles ; et en ce qui concerne la possibilité de maintenir nos concepts dans de nouveaux contextes, sont entièrement dépourvus de fondement, ou in-fondés[2].

C'est un point de vue qui rappelle les intuitions philosophiques de Heidegger ainsi que de Wittgenstein. En tirant toutes les conséquences, la philosophie, toujours selon Cavell, se doit de

> rendre compte à la fois de la profondeur avec laquelle nous partageons notre partage du langage et, en même temps, de notre pouvoir de refuser cet héritage… rendre compte de… la possibilité et de la menace récurrente, de la cohérence du scepticisme[3].

---

1. *Ibid.*, p. 208.
2. *Ibid.*, p. 205.
3. *Ibid.*

En évitant les « promenades sur glace », comme nous le conseille Wittgenstein, nous sommes rappelés « Vers la terre ferme et brute ! » ; mais cela ne doit pas pour autant nous faire oublier que notre désengagement ou notre éloignement des « conditions matérielles » (une vraie *métanoïa* ou une *conversion* d'aspect platonicienne ou chrétienne, une fuite ou une évasion, comme le fait entendre l'écho chez les modernes) était pourtant bien réel, profond et vaste, une sorte de révolution, en somme.

Ainsi, si la question n'est pas tant celle d'un retour « en arrière » que se passe-t-il dans tous ces mouvements de la pensée et de l'action explicitement et implicitement exprimant la « perte », « l'exil », la « dévastation », « l'étrangeté », « la perversité », « la maladie », « la peur de l'asphyxie » et le « tourment[1] » ? Le moins que l'on puisse dire c'est que *retourner* les mots à leur usage quotidien et leur circulation ordinaire n'aurait peut-être pas été possible ou nécessaire sans la fraction de seconde préalable qui – en tant que fracture ou déchirure – les *libère* de leur fixité réifiée d'images ou d'idoles, c'est-à-dire de leur emploi constatif, de leur représentation et de leurs fonctionnements sémantiques et sémiotiques mêmes. Même une phénoménologie linguistique, une ontologie herméneutique ou une grammatologie déconstructrice n'échapperaient pas à une telle conclusion provisionnelle.

Toutes ces notions, ces modes et ces humeurs d'évasion font partie intégrante de ce que Cavell appelle

une description mythologique et in(dé)finie de nos vies ordinaires – comme pour l'exil, le sentiment d'étrangeté

---

1. *Ibid.*, p. 206.

à soi-même, la construction de substituts décevants pour fantasmer une harmonie perdue, ou l'assertion violente d'une singularité garantie par la métaphysique plutôt que de faire en sorte que nos paroles et nos actes soient les nôtres[1].

Cependant, il est important de reconnaître qu'en tant que tels, ces mouvements de la pensée et de l'écriture, du discours et de l'action sont aussi profondément ambigus, à affirmer et à éviter. Ils expriment le caractère problématique de nos prédications, que la philosophie, plus que tout autre chose, ne peut pas nier, et précisément pour cela, comme Cavell le suggère, ne peut que nier.

Car, même s'il est indéniable que la philosophie s'est traditionnellement identifiée à « la tâche thérapeutique, disons, de libérer les hommes des chaînes de d'illusion, de la superstition, des sortilèges, du fanatisme, de la déformation de soi », il n'en est pas moins clair que son « activité libératrice » a paradoxalement été très mal orientée, elle aussi. Pour cette raison, Cavell apprécie le fait que Wittgenstein ait réussi à introduire un autre type de révolution dans la pensée dont le sens éthique et l'ampleur pragmatique n'ont rien perdu de leur force :

La différence de Wittgenstein, exprimée dans sa description mythologique de sa philosophie comme entreprise de « démolition de châteaux de cartes » (*Luftgebäude*, disons châteaux dans le ciel), réside dans l'idée que les constructions philosophiques sont tout aussi aptes à masquer qu'à soigner la perplexité philosophique, comme si chacun d'entre nous avait pour lui ou pour elle d'innombrables moyens quotidiens pour se perdre puis reconnaître de l'aide. Il s'ensuivrait que la fin de la philosophie ne repose que sur l'hypothèse selon laquelle la philosophie a été épuisée par la métaphysique, et que la

---

1. *Ibid.*, p. 201.

métaphysique s'est épuisée à force d'essayer de résoudre les problèmes générés par le processus du scepticisme. Mais si la métaphysique est censée nous dire comment sont les choses, alors les procédures philosophiques autrement motivées – disons par l'émerveillement, par exemple – peuvent compter comme étant métaphysiques, découvrant et élucidant peut-être parmi elles d'autres régions de notre histoire naturelle[1].

Il n'y a donc rien d'évident ou de simple dans « l'idée » exprimée par les notions « d'ordinaire », de « quotidien », de « bon » et « mauvais » ; encore moins dans ce que pourrait désigner un « tournant » ou un « retour » à l'ordinaire – supposément exigé par la philosophie du langage ordinaire – pour Austin, et toujours quelque peu différemment, nous avertit Cavell, pour Wittgenstein. Cavell commente la remarque des *Recherches philosophiques* selon laquelle « ce que nous faisons, c'est de reconduire les mots de leur usage métaphysique à leur usage quotidien [*alltägliche Verwendung*] » (paragraphe 116) de la manière suivante :

> [Cela] pourrait *presque* être dit de la *pratique* d'Austin, sauf qu'Austin n'avait aucune conception annoncée du métaphysique, et aucune patience en ce qui le concerne, sous cette forme ou toute autre forme, et n'avait donc aucun intérêt à vouloir retracer *le désir insatiable de l'humain ou de la philosophie pour le métaphysique*[2].

En revanche, Wittgenstein cherche tout de même, et en cela il n'est pas le seul, à faire sens de tout cela, tout en accordant au non-sens sa place inévitable, voire *essentielle,* en tant qu'il nous entoure et nous traverse, nous soutient et nous nargue à la fois.

---

1. *Ibid.*, p. 211.
2. Cavell, *Philosophy the Day After Tomorrow*, p. 194-195, nos italiques.

Après avoir invoqué les « affinités » entre la vision wittgensteinienne de ce « désir », et la notion kantienne – voire schopenhauerienne – de « l'inquiétude essentielle et implacable de l'Homme, sa faculté distinguée, la raison, qui est précisément la faculté qui s'inflige des supplices [*tantalizes itself*] », Cavell remarque que c'est précisément cette illusion intrinsèque – Kant dirait transcendantale – et non pas autre chose, qui produit le déni et la présumée transcendance de l'ordinaire. Plus précisément :

> La différence associée à Kant est la conviction de Wittgenstein… selon laquelle aucun système de concepts – appelez cela une théorie philosophique [toute prédication de nos prédications, comme j'aurais envie de l'appeler, HdV] – n'est en mesure, pour ainsi dire, de donner lieu à des retraits ou des soulagements fiables face à, voire des limites qui pourraient contenir, cette inquiétude… L'affinité de Wittgenstein ici est avec Schopenhauer, qui identifie la volonté et la Chose en soi, qui ne peut être vaincue que par elle-même[1].

Commentant cette analyse, Cavell va plus loin et propose que Wittgenstein, pour sa part, « développe très peu son analyse de l'usage ordinaire ou courant du langage », en ajoutant que

> sans ce concept, il n'aurait pu parvenir à son analyse plus poussée, ou son portrait, de l'élément métaphysique du langage (avec l'élément sceptique, en tant que le scepticisme est pour Wittgenstein le jumeau intellectuel de la métaphysique)… [Il] est tout aussi – ou plus – adéquatement décrit comme un philosophe, tant du langage de la métaphysique que du langage ordinaire… L'ordinaire est présent essentiellement dans les *Recherches Philosophiques* en tant que ce qui est rejeté ou nié par le scepticisme, et que la métaphysique

---

1. *Ibid.*

transcende, comme s'il s'agissait *d'un lieu fictif produit rétros-pectivement par la fuite de la philosophie face à l'infondé du quotidien, aux préjugés, ou aux fixations*[1].

Cela peut alors rappeler, en conclut Cavell, l'image de « la caverne de Platon en tant que figure de l'ordinaire, le lieu où commence la philosophie et vers lequel, à l'inverse de l'aspiration de nombreuses philosophies ultérieures, elle retourne en quelque sorte »[2].

C'est en réaction contre ce mouvement (et, à vrai dire, rien d'autre que cela) que la caractérisation indirecte, sinon suggestive, du quotidien par Wittgenstein en tant que le « foyer » même ou la « *Heimat* » de nos paroles et de nos actions reçoit son profil le plus distinctif. Son caractère propre émerge non pas tant comme le fin-fond de la nature humaine et du langage que nous ne cessons de creuser, mais plutôt comme un contraste virtuel, émergeant *ex nihilo* et *ex negativo*, semble-t-il, en tant que « ce d'après quoi cela est » duquel le « besoin » métaphysique a pu nous éloigner et auquel il faut revenir. L'ordinaire et le quotidien, donc, ne sont pas un champ de matière ou d'énergie noire qui finira par nous attirer à nouveau à lui (causant notre dispa-rition en tant qu'êtres humains et, au passage, causant la disparition de la nature humaine, si cela était pensable) ; il faudrait plutôt dire que leur idée, leur dimension et leur attrait est celui d'une construction rétroactive et, très litté-ralement, d'une arrière-pensée, pour ainsi dire, que nous pourrions ou non parvenir à avoir, à habiter, de manière exemplaire, en invoquant des images et des métaphores ou

---

1. *Ibid.*, p. 195, nous soulignons.
2. *Ibid.*

des analogies et simulacres, chaque fois uniques et singulières, dont la fonction régulatrice est de nous guider vers une perfection croissante.

L'ordinaire et le quotidien se révèlent alors avec un quasi imperceptible délai temporel ou retard, comme un effet sans cause nécessaire, suffisante ou proportionnelle, et sans nul *fundamentum in re*. L'ordinaire et le quotidien ne sont pas donnés ou ne sont pas des données empiriques ou phénoménologiques en tant que telles. Ils ne sont pas tant des faits ou des états des choses que de purs événements (en quelque lieu ou en quelque temps qu'ils apparaissent), dont la réalité ou la réalisation est nôtre et qu'il nous revient de construire, d'inventer en corrigeant l'artifice antérieur de nos paroles et de nos actes par d'autres, plus sérieux et plus sincères. C'est cela qui, dès le départ, donne à l'ordinaire – à l'événement *de* l'ordinaire – son « inquiétante étrangeté ». Une fois de plus, loin d'être le sol ou le fond de l'être que nous cherchons à creuser (et que nous n'avons donc aucune raison de nier plus longtemps ou de démontrer), l'ordinaire et le quotidien sont des « lieux fictifs » qui nous poussent et nous engagent à nous imaginer, sinon à nous situer, à des niveaux plus profonds, plus larges, plus élevés de notre existence.

Il est crucial de remarquer que l'ordinaire apparaît en contraste avec la « fuite » de la philosophie, c'est-à-dire la fuite du scepticisme et de la métaphysique, face à deux expériences et interprétations différentes – contrastées – du quotidien : la contestabilité essentielle de tous nos critères pour penser et agir (qui est exactement leur « infondé ») et notre tendance à passer sous silence ce fait (avec des « préjugés » ou des « fixations », que l'on peut appeler représentations ou images dogmatiques voire idoles). L'ordinaire n'a, semble-t-il, pour Wittgenstein, d'après la lecture qu'en fait Cavell, aucune existence, origine ou « foyer » sinon dans cette « fuite » face à ces deux pôles ou angles opposés – manque de fondement et trop de fondations – angles depuis lesquels nous tendons à nous apercevoir, avec les autres et le monde qui nous entoure, en partie à notre détriment (« en partie », puisqu'il serait difficile de concevoir l'humain, notre nature et la vie de l'esprit, sans ce « besoin » ou cet effort, cette évasion face à ce qui est soit absent soit bien trop présent).

Il n'en demeure pas moins que la question reste ouverte de savoir ce que le « tournant » ou le « retour » vers l'ordinaire et le quotidien peut réellement supposer. Quel est le sens d'un tournant ou retour vers le quotidien, sur les plans philosophique, thérapeutique, éthique ainsi que politique et esthétique, pour ne citer que quelques-uns des plus importants discours, pratiques, formes – c'est-à-dire « façons », voire « modes » et « manières » – de vie ou de vivre pertinentes pour l'analyse « emphatique et récurrente » de Cavell sur le sujet en question ? Pourquoi, où, quand ou comment « nous retourner [ou nous renverser] nous-mêmes »[1] ?

La question est d'importance puisque Cavell, en interprétant le sens du foyer (ou *Heimat*) Wittgensteinien et sa propre notion opposée « d'exil », insiste clairement sur le fait que, pour l'auteur des *Recherches Philosophiques* non moins que pour lui-même, « nous avons déjà été au lieu où nous essayons de nous rendre, la philosophie n'en connaît pas d'autre »[2]. Mais cela ne fait que conduire Cavell

---

1. Cavell, *Philosophy the Day After Tomorrow*, p. 199.
2. *Ibid.*, p. 198.

à l'interrogation suivante qui est aussi inévitable que troublante : « s'il est si facile d'être exilé, quelle est, ou était, notre vie dans notre pays de naissance supposé, et que signifierait "revenir" dans ce pays »[1] ?

Pour commencer, nous n'avons peut-être pas habité ce lieu de la même manière que nous le pouvons aujourd'hui et – en principe et pour toutes finalités pratiques – que nous aurions toujours dû (et pu) le faire. Seules la fuite et l'évasion de la philosophie, l'exil et la conversion, l'aversion, l'inversion même, semble-t-il, nous mènent au non-lieu – hors de l'ordinaire – qui a, très littéralement, une dimension *u-topique* et qui seul permet de « tourner vers » ou « retourner à » tout court (vers l'essentiel, vers la vie, notre existence même). Au moment et à l'endroit où cela arrive finalement – c'est-à-dire spontanément ou plutôt *miraculeusement* – nous sommes témoins d'une prouesse de la philosophie, de sa pratique ou *Tätigkeit*, qui est un coup de chance mais aussi un possible danger.

Une des raisons pour lesquelles il est si difficile de comprendre ce tournant ou le retour comme un mouvement simple, unidirectionnel, irréversible, est que l'usage ordinaire ou quotidien des mots que la philosophie a à la fois tendance à oublier et, étrangement, à pouvoir nous rappeler, ne présuppose pas tant un site originel autochtone qu'un site de vie et de « circulation ». Si les mots, selon la formule célèbre de Wittgenstein, sont « reconduits » (et Cavell ajoute, comme s'ils étaient « vivants et devaient être guidés ou *encouragés* », et l'on est tenté d'ajouter : comme des âmes captives ou pas trop captives en cette vie même),

---

1. *Ibid.*, p. 199.

cela suggère, poursuit Cavell, « la bonne idée de renvoyer les mots à la circulation du langage et à ses projections (parfois imprévisibles) plutôt que de les conserver figées dans quelque service ou usage imaginaire ». Paradoxalement, les « exiler » revient alors à les rendre sédentaires, c'est-à-dire, pris dans les « préjugés ou fixations », les réifications et les fétichismes, les idéologies et les idolâtries, en somme les représentations et les images dogmatiques de la pensée. Par contre, le geste de les reconduire « chez eux » ou « à la maison » revient à les en libérer, à leur donner la liberté de *se* projeter dans des contextes inattendus – peut-être encore inimaginables, voire impossibles –, de les « refonder » dans « l'in-fondé du quotidien » (et de le faire quotidiennement). Cela, tout du moins, permettrait de leur donner une « circulation » – un commerce et une communicabilité – à ne pas confondre avec une thèse métaphysique abstraite ou un énoncé (constatif, représentationaliste ou purement spéculatif), vrai ou faux, à propos de leur « transcendance », c'est-à-dire leur non-coexistence de principe avec eux-mêmes.

Comme le montre très clairement la réévaluation de Wittgenstein et Austin effectuée par Cavell, « l'ordinaire » et « le quotidien », ainsi que leurs équivalents conceptuels et figurés, ne sont *ni* des donnés empiriques ou phénoménologiques, comme nous l'avons dit, *ni* le non-sens évitable des « fictions » purement rétrospectives, ou rétroactives (comme l'ont soutenu des générations de positivistes logiques, réduisant ainsi le champ des études sérieuses aux seules propositions affirmatives et constatives, vraies ou fausses) ; et invoquer l'ordinaire en tant que quotidien et inversement – en parlant de « l'extraordinaire de l'ordinaire » comme de

« l'ordinaire de l'extraordinaire » – n'est pas non plus une simple production formelle ou non-formelle de tautologies.

Après tout, alors même qu'elles ne sont pas « informatives », au sens strict, elles ne disent pas « rien » non plus. Elles sont au contraire des notions « formatives » et « transformatrices » qui cherchent à nous ré-former et nous guider – âmes errantes que nous sommes – vers *ce* et, surtout, *ceux* que nous sommes (ou que nous redeviendrons ou que nous pouvons et devons encore être). L'ordinaire et le quotidien mettent en lumière les choses et les êtres qui *composent* notre monde, avec nous et les autres, dans le monde et bien au-delà, et ce au niveau des paroles et des actes, pas à pas le long du chemin, et donc – potentiellement ou virtuellement – de manière nouvelle à chaque instant, dans toute occasion, pour ainsi dire. Pourtant, pour ce qui est de leur sens et de leur signifiance, leur pertinence et leur importance, c'est à nous de les faire entendre dans le présent, c'est-à-dire, *au quotidien*.

Loin de n'être qu'une préoccupation moderne, le quotidien, on l'a vu, est préfiguré dans l'allégorie de la caverne de Platon que Cavell évoque ici et ailleurs comme étant « une figure de l'ordinaire, le lieu où la philosophie commence et auquel, contrairement aux souhaits d'une bonne partie de la philosophie ultérieure, elle revient en quelque sorte[1] », habitant ses yeux presque aveuglés à ce qui pourrait trop facilement passer pour de simples nuances de gris. Évidemment, cela ne peut vouloir dire que le quotidien – même en tant que « lieu fictif » – soit le domaine de la *doxa*, ce royaume d'ombres. Dans le langage courant,

---

1. *Ibid.*, p. 195.

l'idée du quotidien est seulement rendue à travers ce que Wittgenstein, dans le paragraphe 221 de ses *Recherches Philosophiques* appelle « une expression symbolique [qui est] en réalité une description mythologique » ; une description mythologique de ce que nous avons tendance à fuir, à cause de ce que Cavell lui-même diagnostique comme étant « notre incapacité à nous *bouger* en fonction de nos désirs évidents ou apparents », choisissant plutôt une « promenade sur la glace » faite d'abstractions et d'ordres idéaux (« une volonté d'habiter un milieu sans fondement humain capable de soutenir l'allure de la marche humaine »[1] ; un « fondement » qui, encore une fois, n'exclut pas « l'in-fondé »).

La description « mythologique » de Wittgenstein contraste donc avec le « contre-mythe » de la « fuite » ou de « l'échappatoire », de la « fausse perfection »[2] décrite par Cavell lorsqu'il cite le paragraphe 38 des mêmes *Recherches Philosophiques*, comme étant « une tendance à sublimer la logique de notre langage »[3]. Cavell interprète cela comme « la pulsion de s'exprimer hors des jeux du langage… un désir de parler absolument »[4], c'est-à-dire au-delà de l'in-fondé ou sans « préjugés ou fixations », dans un rejet de la finitude qui reste « la vie de notre esprit » et la « loi » de notre corps. Et pourtant ce rejet fait partie intégrante de notre nature elle-même : « la créature de la finitude », comme Cavell le formule encore une fois dans une langue indéniablement religio-théologique, « croule sous le fardeau – peut-on le dire ? – des pensées de l'infini ». Il évoque aussi

---

1. *Ibid.*, p. 97.
2. *Ibid.*
3. *Ibid.*, p. 206.
4. *Ibid.*, p. 207, cf. p. 206.

« l'agitation de la créature finie sur laquelle pèse le fardeau du désir d'infini (ou disons, de désirs infinis) »[1].

Et pourtant, sur le plan métaphysique et ontologique mais aussi ontique, le quotidien évoque une réalité ou un domaine, une notion et une dimension, dont l'existence et le sens n'ont pas de *fundamentum in re*, sans n'être pour autant qu'une référence vide, une *flatus vocis*, en soi. Loin d'être une notion *courante*, le « quotidien » est plutôt ce que Cavell dit à propos de « l'ordinaire » d'Austin, à savoir un « mythe », « une certaine fiction » ou « fiction certaine ». Mais alors, chez Austin et chez d'autres auteurs, particulièrement Wittgenstein, dont Cavell suit attentivement les intuitions, il doit être compris et utilisé également comme un « contre-mythe », pour ainsi dire. Un mythe que nous ne pouvons que nous contenter de citer et d'invoquer, et en quelque sorte de recycler éternellement, tandis que nous nous reconquérons et réorientons nous-mêmes.

Pour conclure, il ne faut pas confondre le tournant de l'ordinaire et du quotidien, tel que Cavell le conçoit à l'aide d'Emerson et de Thoreau et d'après Wittgenstein et Austin, avec une préoccupation pour la pure banalité, matérialité ou pour le côté mondain de notre existence. On l'a vu, comme Putnam nous le rappelle à juste titre :

> « L'ordinaire n'implique pas d'aller au bureau de poste et d'envoyer une lettre, mais d'avoir confiance dans le fait que la manière dont nous pensons et vivons n'est pas entièrement fictive ou illusoire, que l'illusion est plutôt dans toutes ces prodigieuses constructions intellectuelles qui font que la manière dont nous pensons et vivons a l'air d'une illusion[2]. »

---

1. *Ibid.*, p. 200, cf. p. 207.
2. H. Putnam, « Between the New Left and Judaism », in G. Borradori

En effet, ce n'est pas l'aspect le moins intéressant de l'œuvre de Cavell que de considérer la « religion » non pas tant comme reflétant une tendance vers d'autres mondes, pour ainsi dire l'autre que l'humain, mais au contraire comme s'articulant à nos aspirations les plus intimes et les plus expansives, les plus silencieuses et les plus expressives qui cernent la conscience non épistémique que nous avons de la finitude même de nos propres natures.

Pourtant, le tournant de l'ordinaire et du quotidien, du « bas » et du « commun » comme disaient Emerson et Thoreau, revient également à reconnaître deux motifs et motivations, à savoir « l'humanité » et « l'inhumanité », « le salut » et « l'horreur », « la limite supérieure » et « la limite inférieure ». En ce qui concerne cette dernière et son alternative présumée, Cavell écrit :

> La limite inférieure de l'humanité se marque dans le passage à l'inhumanité. Et son signe est l'horreur. À l'opposé de la terreur il y a le calme de la sécurité, à l'opposé de l'horreur il y aurait le bonheur du salut. Mais ce contraire existe-t-il ? Existe-t-il une limite supérieure de l'humanité ? Et si oui, comment saurais-je que je l'ai atteinte[1] ?

Le perfectionnisme moral ne saurait pas dire où se tient cette limite ou quand on l'atteint, pas plus qu'il ne postule l'« éducation » qui fait de nous des « adultes [*grownups*, comme le dit Cavell] » – notre « renaissance » – comme une approximation lente mais constante vers un point idéal, déterminable et fixe.

(éd.), *The American Philosopher: conversations with Quine, Davisdon, Putnam, Nozick, Danto, Rorty, Cavell, MacIntyre, and Kuhn,* Chicago et Londres, University of Chicago Press, 1994, p. 67.
1. S. Cavell, *Les Voix de la raison, op. cit.*, p. 621.

Quant au second motif, Cavell affirme que la « conversion » et l'« inversion » ont tout du « miracle » (ou du moins, qu'elles s'approchent autant que possible de la définition théologique du concept de miracle et de son témoignage religieux). Les exemples d'une telle exemplarité abondent dans tous ses écrits, même s'ils ne sont que rarement politiques. Ils sont plutôt issus des domaines du mariage et du remariage – le « miracle des miracles », requérant souvent un « changement miraculeux », « un changement qui serait rédemption », de fait, « un miracle formidable »[1] – presque *comme si le lieu du religieux était après tout davantage de l'ordre du privé que du public.*

Mais est-ce que le miraculeux, même d'après la propre analyse de Cavell, pourrait aussi avoir des analogues politiques ? En outre, *le caractère extraordinaire de l'ordinaire* – qui est aussi *le caractère ordinaire de l'extraordinaire* – requiert-il, pour que sa revendication pèse sur nous, la qualification (c'est-à-dire le « registre », « l'image », ou la « conviction[2] ») du « religieux » et, plus spécifiquement, du « théologique-politique » ? Ou est-ce que cette référence est contingente, sinon entièrement arbitraire, dépendante de nos « vocations », c'est-à-dire du degré auquel nous sommes

---

1. S. Cavell, *Cavell on Film*, New York, SUNY Press, 2005, p. 180 ; *Pursuits of Happiness*, Cambridge, Mass., Harvard University Press, 1981, p. 23 (trad. fr. S. Laugier et C. Fournier, *À la recherche du bonheur : Hollywood et la comédie du remariage*, Paris, Édition des Cahiers du Cinéma, 1993) ; *Cities of Words, Pedagogical Letters on a Register of the Moral Life*, Cambridge Mass. The Belknap Press of Harward university Press, 2004, p. 261, (trad. fr. N. Ferron, M. Girel et E. Domenach, *Philosophie des salles obscures. Lettres pédagogiques sur un registre la vie morale*, Paris, Flammarion, 2011).

2. *Ibid.*

prêts à les emprunter ou les reconnaître dans un sens non épistémique, voire normatif ?

Cavell semble suggérer que l'on pourrait tout aussi légitimement qualifier de telles instances, apparemment miraculeuses – et parfois horribles – de « fantastiques »[1], « surnaturelles », « sublimes ». C'est sans doute vrai mais, de manière significative, *l'invocation et la conviction du registre théologique persistent néanmoins* (bien que pour des raisons que Cavell n'explicite pas toujours et qui ont trait au statut particulier et à la virtualité de l'ensemble des archives théologiques – et théologiques-politiques – à chaque étape de nos vies – quelque chose qu'on ne peut expliquer dans les seuls termes du transcendantalisme américain et du perfectionnisme moral).

Quoi qu'il en soit, et en dépit de l'insistance sur le côté subjectif des choses, sur « ma vocation », sur mon jugement, sur mon appartenance et le fait de dire « je », la seconde position a tout autant valeur de revendication envers la communauté, bien que l'inverse ne soit pas nécessairement vrai : « L'inaptitude à juger revient à être dépourvu de cette possession de la parole dont Aristote affirme qu'elle rend l'individu à même de faire partie d'une *polis*, capable de participer à une conversation rawlsienne de justice[2]. » Mais la *polis* ne lui garantit pas à son tour et en tant que telle la parole.

Et tandis que l'aptitude à juger n'est rien d'autre que l'aptitude à changer, à acquérir une langue paternelle, à renaître, c'est-à-dire à se racheter ou à se faire racheter, la

---

1. S. Cavell, *In Quest of the Ordinary: Lines of Skepticism and Romanticism*, Chicago, University of Chicago Press, 1998, p. 186.
2. S. Cavell, *Cities of Words, op. cit.*, p. 261.

communauté que cela implique ne garantit pas cette transformation au même titre que cette transformation la rend possible et la soutient. On peut, pour ainsi dire, appartenir sans appartenance.

Dans *Cities of Words*, Cavell va jusqu'à suggérer, en citant l'Épître de saint Paul aux Corinthiens (chapitre 15), que, dans le « monde moderne », atteindre « l'union incorruptible » – comme, par exemple, le « mariage » (mais ce ne saurait être le seul exemple) – n'est pas « validé » par des « institutions corruptibles », qu'il s'agisse de l'« église », de l'« État » ou de la « famille[1] ».

Reste que le parallèle ou l'écho entre le changement et la rédemption est loin d'être fortuit et suggère une « laïcisation de la vie moderne » ; en d'autres termes, « une re-localisation de ce qui est important ou intéressant dans la vie humaine, qui re-dirigerait notre attention des choses célestes aux choses terrestres, ou plutôt suggérerait que leurs lois ne sont pas différentes[2] ».

« Raconter » ce déplacement serait la tâche de la philosophie. En empêchant le changement de se retourner soit en « rédemption » totale soit en « révolution » violente, et en empêchant la philosophie de se transformer en poésie ou en critique sociale – tout en restant chaque fois plus proche des premiers termes de ces oppositions (c'est-à-dire la rédemption et la poésie) – le penseur chercherait à « vivre dans l'aversion, la contradiction, la critique de tout ordre régnant, nécessairement imparfait »[3]. C'est seulement ainsi, écrit Cavell en opposition à Hegel, Marx et Heidegger

---

1. *Ibid.*
2. *Ibid.*, p. 262.
3. *Ibid.*, p. 262-263.

– du moins dans certaines phases de leurs œuvres – que l'on peut éviter la tentation de placer la philosophie « au service de l'histoire », assujettie à « une forme particulière de violence »[1]. En d'autres termes, cela signifierait « rendre intelligible une nouvelle forme de révolution ou de transformation »[2].

Afin de mieux comprendre en quoi une telle révolution ou transformation, pour ne pas dire conversion ou réformation, peut consister, il faudrait considérer au moins deux étapes dans l'histoire des religions dites Abrahamiques – celle de la Bible hébraïque et celle de l'Islam médiéval, lues à travers le prisme d'une interprétation philosophique résolument moderne, voire contemporaine – deux étapes qui n'ont peut-être pas encore reçu l'attention qu'elles méritent. À notre avis, « ces deux excursions »[3], sont d'autant plus révélatrices qu'elles montrent le rôle central du motif du miracle au cœur de l'ordinaire, que ce soit l'exégèse scripturale et ses dimensions théologico-politiques ou l'analyse de ce qui constitue un état de guerre (ou l'histoire comme l'immanence de la violence même) et de sa résolution, c'est-à-dire sa fin présumée, dictée par la Paix. Nous nous laissons guider par Emmanuel Levinas pour sonder l'originel et l'essentiel d'une perspective à la fois métaphysique

---

1. *Ibid.*, p. 262.
2. *Ibid.*, p. 263.
3. La première est incluse dans ce livre, il s'agit de l'*Excursus III* ; pour la seconde, voir mon essai *Une "nouvelle conception du miracle"* – Partie I. « Sari Nusseibeh, al-Ghazali, Avicenne, et l'idée de la foi laïque » ; – Partie II. « Sari Nusseibeh, le conflit israélo-palestinien et la politique de la foi laïque », in Aline Alterman, Henri Cohen-Solal, and Lucy Nusseibeh, éds., *Une philosophie à l'épreuve de paix. Penser le conflit israélo-palestinien*, Paris, Éditions Mimésis, 2016, p. 109-137, 169-194.

et pragmatique que le miracle et la croyance aux miracles peuvent inaugurer ou au moins continuer à nous inspirer toujours à nouveau, voire plus que jamais.

7 – *Excursus III :*
« *Le miracle d'autant plus miraculeux* » :
Emmanuel Levinas,
Spinoza,
et le sens théologico-politique de l'Écriture

À INTERVALLES ESPACÉS de dix ans environ, Levinas a consacré plusieurs articles à Spinoza[1]. À première vue, ces lectures frappent en raison de leur ton critique, en vérité polémique. Dans son essai de 1955, « Le cas Spinoza »,

---

[1]. Les articles qui m'intéresseront dans ce contexte sont « Le cas Spinoza » de 1955 et « Avez-vous relu Baruch ? » de 1966, ainsi qu'une intervention présentée durant un colloque sur Spinoza qui se tint à Jérusalem en 1977 en réponse à la conférence du philosophe de Chicago Richard McKeon, « L'arrière-plan de Spinoza » : Emmanuel Levinas, « Le cas Spinoza » et « Avez-vous relu Baruch ? », in *Difficile Liberté. Essais sur le judaïsme*, Paris, Albin Michel, 2006 (troisième édition) ; « Réponse au Professeur McKeon », également publié sous le titre « L'arrière-plan de Spinoza », dans *L'Au-delà du verset : lectures et discours talmudiques*, Paris, Minuit, 1982, p. 152-157, 158-169, 201-206. Voir aussi les remarques consacrées à *Spinoza et le problème du salut* de Jean Lacroix dans *Noms propres*.

Levinas accepte même le verdict sommaire de Jacob Corbin :
« Il existe une trahison de Spinoza[1]. » Il donne comme
raison principale le fait que Spinoza ait cherché à surmonter
le judaïsme par le christianisme, puis le christianisme par
une sagesse philosophique censée représenter l'amour de
Dieu au sens propre, c'est-à-dire intellectuel. Ainsi, Spinoza
n'assigne plus qu'un rôle transitoire au judaïsme dans l'économie générale de l'être, tout en conservant un rôle quasi
permanent à la « religion [*religio*] », plus précisément à la
piété, sous forme d'obéissance et de charité.

Mais dans les mêmes articles, le jugement sévère d'une
« trahison » de Spinoza est tempéré, modéré de manière extrêmement nuancée, dans la mesure où Levinas fait l'éloge des
écrits de Spinoza, en particulier du *Traité théologico-politique*
et de l'*Éthique* (malgré l'angle mort majeur que constitue
l'ignorance probable de la littérature rabbinique, et surtout
du Talmud), pour leur « antispinozisme » remarquable,
quoiqu'en grande partie latent. C'est cet antispinozisme que
Levinas, s'appuyant sur *Spinoza et l'interprétation de l'Écriture* de Sylvain Zac[2], cherche à mettre en évidence. Chez
Spinoza, tel est l'argument, le spinozisme et l'antispinozisme s'équilibrent mutuellement. Je voudrais suggérer que
par implication, inversion, et simple extension, ceci donne
également à l'antispinozisme de Levinas – la position métaphysique à laquelle il est le plus souvent, et peut-être trop
rapidement identifié – un élément de spinozisme. Ce que je
voudrais mettre ici en évidence, c'est cet horizon intellectuel
et même cette visée éthique, caractérisés par ce que Levinas
vient à appeler « intériorisation ».

---

1. Levinas, *Difficile Liberté*, p. 167.
2. Sylvain Zac, *Spinoza et l'interprétation de l'Écriture*, Paris, PUF, 1965.

Je suis tout à fait conscient que la base textuelle qui permettrait d'effectuer une telle comparaison ou confrontation est extrêmement limitée. Une discussion approfondie et explicite des écrits bibliques et directement métaphysiques de Spinoza, sans parler de ses traités plus brefs ou de ses lettres, est presque entièrement absente des œuvres majeures de Levinas. Font figure d'exceptions sa remarque, dans *Totalité et Infini*, que la pensée de l'Autre est « aux antipodes du spinozisme », et l'adoption et l'approfondissement dans *Autrement qu'être*, de l'un des concepts les plus importants de Spinoza, le *conatus essendi*. Poussé à l'extrême, le *conatus* est utilisé dans cet essai pour exprimer une vérité ontologique déplorable et inévitable, à savoir la mauvaise positivité, la plénitude de l'être valorisée négativement, et son égoïsme comme tel. De fait, toute la pensée de Levinas dans ses derniers écrits semble de plus en plus organisée autour d'une critique de l'ontologie occidentale, de l'égologie et des philosophies du « Neutre », dont il considère qu'elles culminent dans l'affirmation spinoziste de l'effort ou du désir (le *conatus* ou *appetitus*) de toutes choses, vivantes et inanimées, de persister dans leur être. Un des axiomes principaux qui sous-tendent l'édifice de l'*Éthique* le formule succinctement : « L'effort par lequel toute chose tend à persévérer dans son être n'est rien de plus que l'essence actuelle de cette chose » (IIIe partie, Proposition 7). Aucune autre démonstration ou déduction de cette affirmation n'est jamais proposée, chez Spinoza comme chez Levinas, bien que ses implications métaphysiques, épistémologiques, éthiques et esthétiques soient expliquées en détail. Ainsi le *conatus* en vient à exprimer la totalité, l'identité, en vérité le même, qui sont soi-disant mêlés à l'idée même de l'être et de ses schèmes conceptuels, dans des structures linguistiques et des jeux de langage, dans des formes de vie et dans la poursuite de l'intérêt économique ou la maximalisation du plaisir, dans l'expression culturelle et esthétique non moins que dans la formation discursive du pouvoir institutionnel (de la Science, de la Médecine, de l'État, etc.). Sans doute, rien ne saurait être plus différent de la définition spinoziste du désir comme persévérance en général – d'*esse* comme *interesse*, comme le dit Levinas – que la conception levinassienne du Désir infinitisant comme l'énigme du *désintéressement* se révélant dans la seule passivité humaine (plutôt que dans les « affects actifs »).

Dans ses premiers articles, même lorsqu'ils sont lus à travers le prisme des œuvres de la maturité, l'évaluation par Levinas de la trahison de Spinoza et sa condensation de la seule tendance essentielle de la philosophie occidentale démontre l'appréciation subtile d'une ambiguïté centrale dans l'ensemble de l'entreprise philosophique et théologico-politique de cet auteur. Cela révèle une ambivalence structurelle de la philosophie en général, qui devient particulièrement claire dans le rapport problématique, c'est-à-dire inapaisable, de la philosophie à l'Écriture et à l'ordre du politique.

L'enjeu dépasse une différence de nuance entre, d'une part, la critique de Levinas à l'encontre de l'ontologie de Spinoza (c'est-à-dire de sa compréhension de Dieu et de la Nature comme système géométriquement structuré d'une chaîne infinie de causes, ou de modalisations infinies d'attributs infinis), et d'autre part une certaine appréciation de sa critique biblique dans le *Traité théologico-politique*. Mais quelle marge de manœuvre la compréhension théologico-politique de l'Écriture offre-t-elle pour une reconsidération attentive de la condamnation en apparence entière par Levinas du projet métaphysique plus vaste de Spinoza ? Que voudrait dire lire à rebours Spinoza, et peut-être aussi Levinas, *en ce lieu spécifique* ?

Au sujet du *Traité théologico-politique*, Levinas écrit :

> Dans l'histoire des idées, [Spinoza] a subordonné la vérité du judaïsme à la révélation du Nouveau Testament. Celle-ci, certes, se dépasse par l'amour intellectuel de Dieu, mais l'être occidental comporte cette expérience chrétienne, fût-ce comme étape. Dès lors saute aux yeux le rôle néfaste joué par Spinoza dans la décomposition de l'intelligentsia juive, même si pour ses représentants, comme pour Spinoza lui-même, le christianisme n'est qu'une vérité pénultième, même si l'adoration de Dieu en esprit et en vérité doit encore surmonter le christianisme… Judaïsme préfigurant Jésus – voilà par où le spinozisme fit accomplir au judaïsme irréligieux un mouvement auquel, religieux, il s'opposait pendant dix-sept siècles… Grâce au rationalisme patronné par Spinoza, le christianisme triomphe subrepticement. Conversions sans le scandale de l'apostasie[1] !

Autrement dit, « l'être occidental », dans son concept philosophique – Levinas se réfère à l'invocation de la Révolution française et au marxisme, mais aussi à Léon Brunschvicg et Vladimir Jankélévitch –, n'implique pas l'expérience juive (fût-ce comme étape) de la même manière que le christianisme, étant donné l'insistance à reconnaître les Évangiles comme « une étape inévitable sur la route de la vérité[2] ». Pour éviter ce « mélange »[3] de raison philosophique

---

1. Levinas, *Difficile Liberté,* p. 167-168.
2. *Ibid.,* p. 167.
3. *Ibid.,* p. 169.

et « d'atmosphère » chrétienne[1], il faudrait, suggère Levinas, revenir à Platon et Aristote plutôt qu'à Spinoza. Au lieu de présenter un « cryptogramme »[2] dans lequel la philosophie entre en combat mortel avec la religion *in obliquo* ou *a tergo* (c'est-à-dire secrètement et indirectement), comme l'avait suggéré Leo Strauss dans son importante interprétation du *Traité théologico-politique*, Spinoza amalgame *beaucoup trop* raison et révélation, particulièrement dans son articulation chrétienne. C'est le moment néfaste, *non*-spinoziste et même anti-judaïque chez Spinoza, qu'il ne faut pas confondre avec l'élément positif antispinoziste sur lequel Levinas choisit de s'étendre plus en détail. Le moment *non*-spinoziste et l'élément *anti*-spinoziste opèrent tous deux côte à côte, mais ne s'accordent pas très bien au spinozisme du projet rationaliste d'ensemble, qui ne devrait pas, Levinas est ici d'accord avec Zac, être confondu avec la critique historique de l'Écriture pour laquelle est connu le *Traité théologico-politique*.

La solution *non*-spinoziste de Spinoza et son héritage diffèrent donc de celle de Franz Rosenzweig (auquel Levinas se réfère avec approbation dans ce contexte) en ce qu'elle ne laisse intacte aucune voie de salut séparée, parallèle et compatible avec le judaïsme. Contrairement à Rosenzweig, dans la lecture de Levinas, Spinoza ne conçoit « l'éternité » que dans les termes les plus abstraits, termes qui sont philosophiques et atemporels plutôt que rituels, dépendant du calendrier, ou cycliques. Et pourtant, comme celle de Rosenzweig, la position de Spinoza est bien éloignée du dépassement chez Hegel de toute religion comme simple moment dialectique de transition dans le propre

---

1. *Ibid.,* p. 168.
2. *Ibid.,* p. 171.

déroulement de la Raison. La *modernité* de Spinoza,
conjecture Levinas, tient à l'équivalent d'une posture
profondément anti-hégélienne, même si son importance
historique et contemporaine – autrement dit, systématique
– révèle également une profonde ambivalence :

> L'histoire des idées est, de nos jours, la théologie sans Dieu
> qui fait vibrer religieusement les âmes incrédules… Sur cette
> histoire des idées, Spinoza exerça une influence décisive et
> antijuive. Il ne s'agit pas de la critique biblique qu'il a inau-
> gurée. La critique biblique ne ruine qu'une foi ébranlée. La
> vérité des textes éternels ne ressort-elle pas davantage quand
> on leur refuse la caution extérieure d'une révélation drama-
> tique et théâtrale ? Étudiés pour eux-mêmes, n'attestent-ils
> pas la valeur divine de leur inspiration, le miracle purement
> spirituel de leur réunion ? Miracle d'autant plus miraculeux
> qu'il s'agit de fragments plus nombreux et plus disparates[3].

Qu'est-ce donc qui est « antijuif » chez Spinoza ? Est-ce
l'amalgame gréco-chrétien de la raison et de la doctrine
du Nouveau Testament, notamment les vues de Jésus et
de Paul, et en conséquence le mélange de l'ontologie et de
l'onto-théologie, du politique et du théologico-politique ?
Si oui, que reste-t-il de l'appréciation par Levinas d'un
modernisme qu'il perçoit dans le *Traité théologico-politique*,
et de son affirmation biblique centrale et plus indirectement
philosophique ? Le moment *non*-spinoziste de Spinoza est-il
l'oubli, ou plutôt « l'ignorance » de la tradition rabbinique
écrite et orale, du Talmud[4] ? Y a-t-il chez Spinoza une seule

---

3. *Ibid.*, p. 266.
4. Se basant sur la recherche historique de Van Dias et Van der Tak,
   Levinas suggère que l'enseignement du Talmud avait déjà pu s'enraciner
   dans la communauté juive d'Amsterdam bien avant l'excommunication
   de Spinoza (voir *Au-delà du verset*, p. 201).

déclaration ou idée philosophique ou éthique, théologique ou politique (une définition, un axiome, une proposition, une démonstration, etc.) que Levinas devrait considérer comme inexacte ou plutôt comme « inadéquate » (pour se servir d'une terminologie si souvent déployée par les deux auteurs, quoiqu'avec des connotations très différentes, et peut-être d'autres arrière-pensées) ?

Ce qui semble clair c'est que Levinas (et Zac) n'ont *pas* considéré que la critique historique de l'Écriture, malgré tout son fatal réductionnisme naturaliste – présumant donc offrir une philologie génétique sans philosophie – a été « le projet fondamental de Spinoza »[1]. En outre, la prétendue « trahison » de Spinoza est difficile à concilier avec l'affirmation non moins emphatique de Levinas selon laquelle l'*Éthique* dans ce que Stuart Hampshire appelle son « double aspect » métaphysique revêt, au nom du rationalisme, « l'intériorité des rapports rationnels ». Levinas écrit ceci :

> Sur l'intériorité des rapports rationnels, sur leur équivalence aux formes les plus hautes de la vie, l'*Éthique* jette les clartés ultimes. Le judaïsme ne saurait s'en séparer, comme il ne peut tourner le dos aux mathématiques, se désintéresser de la démocratie et du problème social, comme il ne peut pas préférer aux injures que les hommes et les choses font subir à l'homme les rapports intelligibles, le dialogue, la douceur et la paix. Le judaïsme tout entier, par-delà son credo et son ritualisme – au moyen de sa foi et de ses pratiques –, n'a peut-être voulu que la fin des mythologies, des violences qu'elles exercent sur la raison et qu'elles perpétuent dans les mœurs. Le rationalisme ne menace pas la foi juive[2].

1. Levinas, *Difficile Liberté*, p. 172.
2. *Ibid.*, p. 165-166.

Où donc se trouve l'opposition exacte entre les projets de Levinas et de Spinoza, si leur désaccord principal n'est pas essentiellement théorique, philosophique, théologique, ou métaphysique – et, devrions-nous ajouter, si leur accord sur quelques points remarquables est en vérité *presque total* ? Comment le monisme métaphysique de Spinoza et le pluralisme ontologique de Levinas (qui, comme l'affirmation spinoziste de l'univocité de l'être, ne se base pas sur quelque dualisme ou sur une représentation analogique du rapport entre l'infini et l'être fini) pourraient-ils montrer une convergence, un parallélisme ou une compatibilité, sans parler d'un terrain d'entente ? En d'autres termes, comment pourrait-on dire qu'un déterminisme causal au sens large et un indéterminisme au sens restreint – en bref, une philosophie de l'immanence et une pensée de la transcendance, l'affirmation d'affects ou d'émotions positifs et actifs par opposition à la souffrance d'une passivité toujours plus patiente – font cause commune à un certain point ?

Comme l'écrit Jean-François Rey avec finesse dans son essai sur Levinas et Spinoza : « Loin d'opposer éthique et morale, comme le propose Deleuze, Levinas veut voir dans l'entreprise spinoziste de désacralisation et de dé-théologisation de la religion une "intériorisation éthique"[1]. » Mais cela

---

1. Jean-François Rey, « Levinas et Spinoza », in *Spinoza au XXᵉ siècle*, sous la direction d'Olivier Bloch, Paris, PUF, 1993, p. 230. Rey note plus loin : « Levinas se consacre à une… opération qui ne consiste plus seulement à confronter Spinoza avec une tradition qu'il n'a pas reconnue pour sienne, mais plutôt à opposer Spinoza à Spinoza, c'est-à-dire dans ses termes de montrer la coexistence avec le spinozisme d'un antispinozisme » (*ibid.*, p. 227). Pour Deleuze, voir *Spinoza et le problème de l'expression* (Paris, Minuit, 1969) et *Spinoza : philosophie pratique* (Paris, Minuit, 1981) ainsi que de nombreux essais et des remarques dispersées tout au long de ses écrits.

revient-il à suggérer qu'il y a, après tout, une affinité élective entre l'extrême rationalisme et le mysticisme rationnel du second et surtout du troisième genre de la connaissance (*ratio* et *scientia intuitiva*) dont l'*Éthique* et le *Traité de la réforme de l'entendement* parlent si irrésistiblement, d'un côté, et d'autre part le rationalisme tout aussi inflexible de la propre conception par Levinas de la métaphysique éthique, avec une mise en relief croissante du désir infinitisant et de la sainteté ? La référence à « l'intériorisation éthique » veut-elle simplement dire que l'insistance de Levinas sur la contrepartie biblique (plus précisément, rabbinique et talmudique) de la philosophie et son exégèse ou herméneutique est caractérisée par une intériorité propre et par conséquent d'une rationalité à elle ? Ou bien cette intériorité est-elle impliquée et reconnue dans l'utilisation que fait Spinoza dans le *Traité théologico-politique* de formules comme « la Parole de Dieu », ou la « piété » comme l'ajoute l'*Éthique*, appelant toutes deux « l'obéissance » et « la charité » et imposant plus qu'une « croyance minimale »[1] ? Enfin, est-ce que ces deux perspectives possibles – les doubles aspects du philosophique ou du théorique d'une part, et du biblique ou du pratique, et comme nous allons le voir, du théologico-politique, d'autre part – auxquelles Spinoza comme Levinas semblent profondément attachés, constituent une véritable alternative ?

De fait, quelle *est* la différence entre la vérité épistémique que véhicule la connaissance adéquate, philosophique, et la « certitude *sui generis* »[2] non-épistémique, morale que

1. Voir Jacqueline Lagrée, *Spinoza et le débat religieux*, Paris, Puf, 2004.
2. Levinas, *Difficile Liberté*, p. 175.

Spinoza réserve pour la foi ? Cette dernière, commente Levinas, est une

> certitude subjective, un risque, mais « l'usage de la vie et de la société nous oblige d'accorder notre assentiment à une quantité de choses que nous ne saurions démontrer ». La parole morale a ainsi un statut spécial, à côté de la spéculation et au-dessus de ce qui ressortit à l'imagination[1].

Il n'y a pas de réponse simple à ces questions. À un certain point, Levinas écrit que « les mobiles de l'obéissance ne sont pas *d'ordre rationnel*. Ce sont des mobiles d'ordre affectif, tels que crainte, espoir, fidélité, respect, vénération, amour »[2]. Ailleurs, il note :

> Bien qu'incapable de se transmettre *more geometrico*, la Parole de Dieu, religion et non seulement sagesse, peut se présenter comme s'accordant avec la philosophie. En cela résident non pas son inconsistance mais son originalité et son universalité, son indépendance à l'égard de l'ordre que la philosophie déclare ultime et où elle prétend régner sans partage… Spinoza, tout en substituant, dans l'*Éthique*, une philosophie à la religion de la Bible, aura le souci de lui conserver la plénitude irrécusable des Écritures. Le spinozisme sera l'une des premières philosophies où la pensée absolue se voudra aussi religion absolue[3].

Formellement, mais, comme le dirait Deleuze dans ses commentaires sur Spinoza, *non pas numériquement distinctes*, la philosophie et la religion sont donc deux aspects complémentaires et parallèles du même et unique phénomène, qui est la quête de la *vera vita*, la vraie manière de vivre ; en d'autres termes, une spiritualité qui n'a rien

---

1. *Ibid.*, p. 177-178.
2. *Ibid.*
3. *Ibid.*, p. 181-182.

d'éthéré mais est profondément imprégnée d'affect et qui trahit par là peut-être sa « difficile liberté ». Pourtant, ce que suggère le parallélisme, continue Levinas, c'est que, en dernière analyse, on trouve déjà implicitement dans le propre exposé de Spinoza que

> la philosophie ne s'engendre pas d'elle-même. Philosopher, c'est aller aux lumières où on voit les lumières et où luisent les premières significations mais qui ont déjà un passé. Ce que Spinoza appelait Parole de Dieu projette cette clarté et porte le langage lui-même. Les commandements bibliques de la justice ne sont plus un balbutiement sublime auquel une sagesse transmise *more geometrico* restituerait l'expression et le contexte absolus. Ils prêtent un sens originel à l'Être[1].

Irréductibles, les commandements bibliques ne sont pas moins constitutifs de l'Être – notre être – que le lien causal parmi les corps ou parmi les idées, que postule Spinoza autant qu'il les déduit dans des axiomes et des définitions de son système soi-disant pleinement détermi-niste. Basé sur la doctrine de l'univocité de l'Être, dont Duns Scot (comme nous le rappelle Deleuze) était le défenseur le plus original – et dont Levinas accepte géné-ralement les présupposés dans son évaluation négative du *telos* de l'être occidental dans sa totalité et « essence » – le système de Spinoza ne réalise pas pleinement ses plus grandes implications. Pourtant sa reconnaissance de l'Écri-ture et de la « croyance minimale » – la « Parole de Dieu » – qu'il entraîne signale l'extériorité, ou ce qui revient au même, « l'intériorité éthique », en lui.

Il ne s'agit pas d'oublier qu'aux yeux de Levinas, Spinoza ignorait clairement les modes talmudiques de raisonnement,

---

1. *Ibid.*, p. 183.

qui ne modèlent pas la vérité selon les lois fixes de la Nature, mais au contraire, présupposent une discussion continuelle, une production du sens et en conséquence une révélation (par analogie à la *creatio continua* dont les Chrétiens – jusqu'à Descartes et aux occasionnalistes – continuèrent à parler). Dans sa réponse à McKeon, Levinas insiste sur le fait que « pour avoir reconnu parfaitement la philosophie juive médiévale et certains écrits cabalistiques, Spinoza n'avait pas eu de contact direct avec l'œuvre pré-médiévale du Talmud[1] ». Et pourtant, continue Levinas, il est tout à fait possible que

> ce contact [ait pu] d'ailleurs être déjà rompu dans sa commu-
> nauté natale elle-même, où les idées, les coutumes et les
> préoccupations du marranisme étaient encore des souvenirs
> très vifs et où l'intérêt pour la Cabale et l'attente eschatolo-
> gique l'emportaient sur l'attrait que devait exercer la haute
> dialectique du Talmud et la discussion rabbinique. [...] Cela
> compte par-delà son importance biographique. L'exégèse
> rabbinique de l'Écriture, dans la critique qu'en fait le *Traité
> théologico-politique*, est comme séparée de son âme qu'est le
> Talmud et, dès lors, apparaît comme une apologétique aveugle
> et dogmatique des « pharisiens » attachés à la lettre (mais
> prompts à lui prêter un sens arbitraire) et comme une réconci-
> liation forcée de textes évidemment disparates[2].

Spinoza aurait donc pu ne pas connaître la « dialectique ouverte » de la « Loi orale »[3], d'une « "ontologie" du sens » que la « vie du Talmud » illustre plus que tout[4]. Ou encore : « Pour Spinoza, tout savoir qui résume une expérience temporelle,

---

1. Levinas, *L'Au-delà du verset*, p. 201.
2. *Ibid.*, p. 201-202.
3. *Ibid.*
4. *Ibid.*, p. 205.

tout ce qui revêt un style poétique, porte la marque de l'imaginaire. La Bible, conditionnée par le temps, est en dehors des idées adéquates… N'est réelle que sa réalité subjective, avec ses intentions subjectives[1]. » En d'autres termes, Spinoza n'a pas su voir une certaine herméneutique dont « la polysémie du sens » repose sur l'exégèse, et non la genèse d'un texte, et dont l'histoire effective va bien au-delà de l'intentionnalité subjective des idées de l'auteur (ou des premiers lecteurs), présupposant un rôle créateur dans la « production du sens »[2]. C'est le « don de prophétie »[3], dont la structure, selon Levinas, est devenue le modèle de toute interprétation *moderne* de l'Écriture, de la littérature, et en vérité de la philosophie : le « moment religieux de toute lecture des livres et de toute jouissance poétique »[4]. Affirmer une telle polysémie a même des répercussions philosophiques, puisqu'elle nous permet de comprendre « que du spinozisme lui-même il peut y avoir de nombreuses interprétations, qui n'excluent pas mais qui attestent sa vérité »[5].

De plus, Spinoza ne tient pas compte de la possibilité que Derrida, parlant de la philosophie de la religion de Kant, appelle un principe de « vérification »[6], la possibilité que l'imagination (ou la superstition, le mythe, et par implication, même l'idolâtrie et le blasphème) puissent devenir vrais. Au contraire, il y a une certaine dualité dans

---

1. *Ibid.*
2. *Ibid.,* p. 204-206.
3. *Ibid.*
4. *Ibid.*
5. *Ibid.*
6. Pour une discussion de ce principe, voir mon livre *Religion et Violence : Perspectives Philosophiques de Kant à Derrida*, trad. Marlène Jouan, Paris, Éditions du Cerf, 2013, chapitre 1.

la compréhension chez Spinoza et Levinas du sens théologico-politique de l'Écriture, qui tient compte de la valeur durable de la positivité de la religion révélée, au moins en son cœur. Pour Spinoza, c'est la piété chrétienne et la charité ; pour Levinas, la vie spirituelle du Talmud tel qu'il est enseigné par les maîtres, et plus largement, la « religion d'adultes ».

Puisque la possibilité de la « vérification » est ignorée, l'« intériorisation éthique » de la « Parole de Dieu » biblique que discerne Levinas dans le *Traité théologico-politique* de Spinoza et dans les nombreuses *scholia* émaillant l'*Éthique*, a déjà pris place au niveau *a priori*, c'est-à-dire transcendantal ou métaphysique-ontologique. « L'intériorisation » n'est pas distillée ou abstraite d'un processus d'apprentissage dans lequel le vrai perd ses véhicules culturels-cérémoniels, qui étaient nécessaires et pourtant inessentiels ou inadéquats, mais non arbitraires ou faux pour autant. L'écriture biblique n'est pas, comme le conjecturait Schopenhauer, « la vérité sous l'habit d'un mensonge »[1]. Bien que cette impression soit certainement donnée par les tout débuts de la critique génétique ou de la haute critique du texte biblique, le dépouillement de toutes les *adiaphora* ne capte guère la structure formelle et la reconnaissance de l'« intériorisation éthique » que Levinas détache de sa lecture de Spinoza. La distinction est subtile :

> Entre l'intériorité du divin inscrit au cœur des hommes et l'intériorité de la pensée adéquate [c'est-à-dire les idées adéquates

---

1. Voir mon article, « Zum Begriff der Allegorie in Schopenhauers Religionsphilosophie », W. Schirmacher, Hg., *Schopenhauer, Nietzsche und die Kunst*, *Schopenhauer-Studien* 4, Vienne, 1991, p. 187-197.

du deuxième et troisième genres de la connaissance, HdV], d'une part, et l'extériorité de l'opinion [c'est-à-dire l'imagination, le premier genre de la connaissance, HdV], de l'autre, Spinoza ne voudra pas reconnaître, dans l'histoire, une œuvre d'intériorisation, qui révèle le sens intérieur de ce qui, hier, passait pour opinion. Mais le mérite de Spinoza aura consisté à réserver à la Parole de Dieu un *statut propre* hors de l'opinion et des idées « adéquates »[1].

Plus que l'incohérence métaphysique dont nous avons parlé plus haut – et compte tenu du fait qu'il ne présume aucune « vérification » dans le sens du devenir vrai et adéquat du faux ou de l'inadéquat – c'est précisément « ce côté de Spinoza le moins spinoziste peut-être » vers lequel est attiré Levinas, car, dit-il, le « fait que du non-spinozisme pût faire apparition chez Spinoza demeure indicatif par lui-même »[2]. De même, le fait qu'il le fasse dans un contexte *théologico-politique*, c'est-à-dire biblique, où l'éthique et l'intériorité éthique prennent la forme d'une exégèse et d'une herméneutique dont la production du sens polysémique a une pertinence bien au-delà de la Bible, au-delà de l'écriture rabbinique et de la Cabale, et au-delà du Talmud et de sa tradition orale. Cette pertinence s'étend à la littérature, la poétique, la philosophie et même au langage quotidien (annulant sa rhétorique et rétablissant son « drame »).

Spinoza, nous l'avons vu, « n'avait pas eu de contact direct » avec le propre style d'argumentation du Talmud, son « "ontologie" du sens ». Pourtant une question critique s'impose ici. Est-il possible que le modèle d'exégèse, d'herméneutique et d'inspiration que Levinas attribue au

---

1. Levinas, *Difficile Liberté*, p. 180-181.
2. *Ibid.*

Talmud présuppose l'ontologie même de l'« expression »,
qui, selon Deleuze, organise (et perturbe) le système spinoziste, tout comme une longue généalogie de pensée qui part
du néoplatonisme en passant par Duns Scot, Hume, et
Leibniz, jusqu'à Nietzsche, Heidegger, et la philosophie de
Différence et répétition elle-même ? Après tout, la polysémie
de l'exégèse du Talmud n'est pas si différente, dit Levinas
lui-même, des méthodes qu'adoptent Rudolf Bultmann
et Paul Ricœur dans leurs explications avec le Nouveau
Testament, de même qu'elle est coextensive à la littérature, c'est-à-dire avec le « va-et-vient du texte au lecteur et
du lecteur au texte », qui est le « propre de tout écrit, de
toute littérature, même quand elle ne se prétend pas Saintes
Écritures »[1]. Levinas écrit que la « structure unique en son
genre » du Talmud est « qu'il maintient les problèmes à
l'état de discussion. Des thèses s'opposent en lui et restent
cependant, les unes et les autres, selon sa propre expression,
"paroles du Dieu vivant". Il accrédite l'idée d'un esprit un,
malgré les contradictions de dialogues sans conclusion.
Dialectique ouverte. Elle ne se sépare pas de l'étude vivante
dont elle devient le thème ; cette étude répercute et amplifie
le dynamisme affolant du texte »[2].

S'il y a une « polysémie du sens », elle prend ainsi la
forme d'une *modalisation infinie* de la Parole dont les effets
– ou, comme le dit Levinas, le « résultat » – sont d'emblée
impossibles à distinguer de l'« origine », qui n'est rien en
dehors d'eux. (Comme l'écrira Levinas dans *Totalité et
Infini* : « L'Infini n'est pas pour se révéler ensuite. ») Dans sa
réponse à McKeon, Levinas écrit :

---

1. Levinas, *L'Au-delà du verset*, p. 204.
2. *Ibid.*, p. 202.

Les diverses époques et les diverses personnalités des exégètes, c'est la modalité même sous laquelle cette polysémie existe. Il y aurait de l'irrévélé dans la Révélation si à l'exégèse manquait une seule âme dans sa singularité. Que ces renouveaux puissent passer pour des altérations du texte n'est pas ignoré par les docteurs du Talmud[1].

Il est intéressant de noter que dans ce contexte, Levinas rapporte un apologue talmudique selon lequel l'enseignement de l'école de Rabbi Aquiba serait incompréhensible à Moïse tout en constituant cependant l'enseignement même de Moïse. Pourtant, une question critique se pose ici. La même chose ne serait-elle pas vraie pour l'enseignement de Levinas concernant Spinoza, ou, si on nous permet l'inversion temporelle, de la part de Spinoza à l'égard de Levinas ? Leurs enseignements respectifs, tout en étant mutuellement incompréhensibles, *ne s'exprimeraient-ils pas réciproquement plus fidèlement que chacun d'entre eux par lui-même* ? Mais aussi, paradoxalement, le Talmud ne pourrait-il anticiper involontairement sur *tous deux*, tout comme, même dans leurs écrits les plus philosophiques, et apparemment non-scripturaires, l'un et l'autre font écho, miment, recréent à leur tour le Talmud, mais, précisément, en l'ignorant ? En d'autres termes, le modèle même d'exégèse, d'herméneutique et d'inspiration que Levinas attribue au Talmud, ne pourrait-il présupposer l'ontologie même de « l'expression », qui, selon Deleuze, organise (et perturbe) le système spinoziste ? Et à quel point le Talmud (dans la lecture de Levinas) est-il distinct de toute autre œuvre écrite, de toute autre « production du sens » ?

---

1. *Ibid.*, p. 204.

Levinas écrit :

> Si Spinoza, le génial Spinoza, avait connu intimement la vie du Talmud, il n'aurait pu ni réduire cette ontologie [c'est-à-dire la production polysémique du sens, HdV] à une mauvaise foi des pharisiens, ni l'expliquer par le fait qu'« à partir des paroles et d'images on peut combiner bien plus d'idées qu'à partir des seuls principes et notions sur lesquels se construit notre connaissance naturelle » (*nam ex verbis et imaginibus longe plures ideae componi possunt quam ex solis principiis et notionibus, quibus tota nostra naturalis cognitio superstruitur*) (chapitre Iᵉʳ)[1].

Une logique différente – de révélation comme expression et modalisation par l'intermédiaire de formes culturelles-cérémonielles de vie – est ici à l'œuvre. Elle ressemble pourtant à l'expression spinoziste même de la substance infinie (de Dieu ou de la Nature) dans les attributs infinis (et infiniment modalisés). Dans les modèles bibliques comme philosophiques, l'origine absolue ou la cause n'est rien en dehors, c'est-à-dire avant ou au-delà, de son « résultat », autrement dit de ses effets, qui, à leur tour, ne sont pas indépendants de leur interprétation – leur idée, leur imagination, leur perception, leur affect, leur compréhension, leur intuition.

Aux yeux de Levinas, la « faculté imaginative » n'est pas ce qui « constitue le monde social ». Elle n'est pas « la source de la diversité humaine », des « différences entre nos modes de vie », comme le suggère le théoricien politique Steven B. Smith[2]. L'« imaginaire social » est surtout interprété

---

1. *Ibid.*, p. 205.
2. Steven B. Smith, *Spinoza's Book of Life: Freedom and Redemption in the « Ethics »*, New Haven et Londres, Yale University Press, 2003, p. 87-88.

religieusement, plus précisément théologico-politiquement. Au-delà de la distinction épistémologique et ontologique tripartite entre les trois genres de la connaissance, Spinoza, dans l'interprétation de Levinas, tient donc indirectement compte d'un quatrième domaine qui se lie aux trois genres de la connaissance sans constituer lui-même la connaissance, qu'elle soit adéquate ou inadéquate :

> La Parole de Dieu ouvre donc une dimension propre – à nulle autre pareille – de l'Esprit. Il ne faut la confondre ni avec la Philosophie, ni avec la Science, ni avec la Politique. Le rationaliste Spinoza l'aura admirablement vu. Les systèmes philosophiques, les doctrines scientifiques et politiques peuvent, selon les époques, rallier les âmes à cette Parole. La Parole en reste indépendante tout en pouvant s'y fixer pour un temps[1].

Levinas, se servant d'une terminologie curieuse, parle plus loin d'une « *innexion* de la Parole aux activités, d'emblée retentissantes, de l'intellect »[2], dont elle s'affranchit également.

S'il en est ainsi, sur quelles bases Levinas accepte-t-il la perspective de Spinoza sur la spécificité ontico-ontologique du social, ou plus précisément des rapports qui excèdent le domaine du familial et de l'amitié, de l'amour et de l'hostilité, et par suite, impliquent notre relation à ce que Levinas appellerait le royaume du « tiers », c'est-à-dire de la « justice » ? Et pourquoi leur sens est-il surtout théologico-politique, c'est-à-dire expressif ou révélateur d'« obéissance » et de « charité » plutôt que de toute connaissance soi-disant théorique ou de la vérité métaphysique ? De plus, si l'expression est la voie de l'Infini

---

1. Levinas, *Difficile Liberté*, p. 181-82, n. 1.
2. *Ibid.,* p. 181, n. 1, je souligne.

(c'est-à-dire de la révélation, de la prophétie et de l'escha-
tologie) du commencement à la fin, comment l'exégèse,
l'homélie et la liturgie – en bref, le domaine entier du
culte, et aux yeux de Spinoza, de la superstition – pourraient-elles garder une relative autonomie, marquée par
la « séparation », en vérité par l'« intériorité », une sorte
d'« économie » restreinte ?

Ce n'est possible que si *l'expression porte le principe de
sa propre interruption – sa stase non moins que sa stabilité
– en elle.* Son Dire, geste purement rhétorique (d'aucuns
diraient performatif), qui est un faire, en vérité un « faire
avant d'entendre », requiert la fixité d'un Dit qui le « trahit »
au double sens que connote ce terme : le Dit transmet et
déforme, ou cache et masque le Dire, et ce nécessairement.
Laissé à lui-même, il ne signale, en vérité n'exprime rien ;
plus précisément, dans sa pureté même, il ne vaut pas mieux
que le pire (ou ne s'en distingue pas). Étrange mimétisme
du meilleur et du pire, de l'*illéité* et de l'*il y a*, tous deux
demandant l'atténuation non moins que la polarité de leur
opposition.

Levinas peut donc prétendre à juste titre qu'il y a une
certaine nouveauté dans le traitement par Spinoza, dans
le *Traité théologico-politique*, du rapport entre la raison
d'une part, et l'histoire et le politique d'autre part. Cette
nouveauté permet à Spinoza d'échapper au jugement
sommaire que Levinas s'est senti obligé de porter sur Hegel
et, plus généralement, sur les philosophies du Même et du
Neutre, de Parménide aux derniers écrits de Heidegger.
Le Traité théologico-politique de Spinoza témoigne d'une
plus grande ambiguïté : « La philosophie européenne, à
l'époque de Spinoza, n'en est pas encore à considérer la vie

politique comme un moment de son propre déroulement, mais la Raison comporte, pour Spinoza, des conditions politiques[1]. »

Spinoza et, sur ses traces, Levinas, ne présupposent pas seulement ces conditions politiques de la Raison, ils les affirment et même les *justifient* en leur accordant leur propre droit constitutif, quoique limité. En conséquence, l'évaluation équilibrée des vues ontologiques et théologico-politiques de Spinoza que fournit Levinas, offre une clé importante d'accès à sa *propre* compréhension, dans les œuvres philosophiques majeures, du rapport entre sa métaphysique éthico-religieuse et son Dire, d'une part, et l'espace public de la *res publica* – c'est-à-dire, du royaume du tiers, du Dit – de l'autre.

La position de Levinas semble ainsi très proche de celle qu'Y. Yovel attribue à Spinoza dans le premier volume du *Marrane de la Raison*, où il affirme que

> Spinoza soutient que même les lois arbitraires sont préférables aux cruels dangers de l'absence de lois et de l'anarchie (dont les Européens avaient fait une expérience récente pendant la guerre de Trente ans). L'état civil est un milieu réaliste entre deux extrêmes hypothétiques : l'état de conflit universel où aucun gouvernement n'est disponible, et l'état de rationalité universelle où aucun gouvernement n'est nécessaire[2].

Pour Spinoza, une tendance intrinsèque à la socialité, et par suite aux communautés ecclésiales et aux pratiques cérémonielles, mais aussi au commerce et à la fédération de l'État, bref à tout le domaine du politique, est inscrite dans

---

1. *Ibid.*, p. 172.
2. Y. Yovel, *The Marrano of Reason*, Princeton: Princeton University Press, 1989, vol. I, p. 134-35.

le concept même de raison. Une telle tendance s'annonce dès la première dualité – « on s'amuse mieux à deux », comme le disait Levinas – et s'étend au tiers. Pourtant, chez Spinoza, cette dimension sociale de « l'intériorité éthique » prend une forme particulière, comme on le voit clairement dans sa déclaration que « le souverain bien de ceux qui suivent la vertu est commun à tous, et tous peuvent en avoir un égal contentement[1] ».

Une telle socialité spinoziste ne révèle guère l'asymétrie ou la passivité sur lesquelles écrit Levinas. L'opinion ou la vie de l'intellect, sans parler de l'idée de la liberté-déterministe-spinoziste, ne sont pas non plus des catégories auxquelles recourt fréquemment Levinas. Et pourtant les parallèles entre les deux philosophes sont difficiles à ignorer. La raison requiert la socialité, le politique, le théologico-politique, dont elle ne peut (pleinement ?) attirer dans son orbite ou réduire à un simple moment dialectique dans son déroulement la fonction constitutive et la relative autonomie – et par suite, l'extériorité relative, l'hétéronomie.

La « trahison » de Spinoza a été son départ calculé de la communauté plutôt que le fait d'embrasser une métaphysique moniste, qui, dans la lecture de Levinas, laisse une place et, peut-être pour la première fois dans la modernité, établit un « espace » non-géométrique – pour l'« intériorité », au moins parce que l'« intériorité », dans l'idiome levinassien, figure une « extériorité » au sein et au-delà de l'être et du *conatus essendi*. Si l'on ajoute à cela la méditation explicite sur la limite intrinsèque de la philosophie et son lien non moins interne au royaume du théologico-politique, dont la religion

---

1. Spinoza, *Éthique*, IV, 36.

– dans toutes ses manifestations cérémonielles et, en vérité sa phénoménalité –, il devient difficile de voir en Spinoza le plus grand adversaire du projet levinassien. Au contraire, bien que Spinoza ne s'appuie pas sur toutes les ressources disponibles qu'implique l'Écriture, il transmet néanmoins un point de vue éminemment moderne et, en vérité, juif, que Levinas résume comme suit :

> L'homme moderne n'appartient plus par sa vie religieuse à un ordre où des propositions sur l'existence de Dieu, sur l'âme, sur le miracle ou sur un avenir révélé par les prophètes demeureraient, malgré leurs énoncés abstraits, au niveau des vérités de la perception. Du moins le judaïsme contemporain en Occident ne les entend pas ainsi. Dès lors, pour une conscience religieuse moderne, l'idée que l'Écriture contient la Parole de Dieu, mais n'est pas cette Parole même, ne déjoue qu'une représentation enfantine de la Révélation sans discréditer un texte où, pour la recherche de cette parole, un juif dispose de bien plus de ressources que Spinoza ne pouvait rêver. Les formulations théologiques de sa tradition charrient l'acquis d'une longue expérience intérieure[1].

Néanmoins, nous pouvons conclure que Spinoza fait bien une contribution significative qui l'emporte sur sa « trahison ». Comme le reconnaît Levinas : « Spinoza enseigne à travers la critique historique de la Bible son intériorisation éthique. "Le judaïsme est une Loi révélée et non pas une théologie" – cette opinion de Mendelssohn viendrait donc de Spinoza[2]. » Cette tâche, continue Levinas, n'a rien perdu de son urgence :

> La conscience religieuse juive, de nos jours, pourra-t-elle refuser cet enseignement d'intériorisation, alors qu'elle est

---

1. Levinas, *Difficile Liberté*, p. 178-179.
2. *Ibid.,* p. 182.

capable de lui donner un sens nouveau et de nouvelles perspectives ? Voudra-t-elle, avec un Kierkegaard, considérer
l'étape éthique de l'existence comme dépassable ?… La signification éthique de l'Écriture dont le génie de Spinoza aura
su apercevoir l'irréductibilité, qu'il aura su mettre à part à
l'époque où pourtant les axiomes, encore superbes, n'avaient
rien à craindre des axiomatiques, a survécu au dogmatisme des
idées adéquates[1].

Ni le dogmatisme pré-critique de l'opinion ni le dogmatisme des notions communes – ni même peut-être la science
intuitive qui saisit l'essence des choses particulières – ne
peuvent couvrir le domaine propre de l'éthique, de la vie
spirituelle de l'Écriture, dont le Talmud exprime la richesse
herméneutique et dont Spinoza a formalisé et concrétisé
phénoménologiquement pour la modernité le sens, tout
aussi important, théologico-*politique*.

S'il y a une invective contre Spinoza – au-delà de l'affirmation que le spinozisme abrite à l'intérieur de ses plus
vives imaginations, au cœur de ses démonstrations les plus
rigoureuses, et de ses intuitions les plus intellectuelles, les
germes d'un certain antispinozisme (qui ne veut plus nécessairement dire maintenant le judaïsme) – elle est bien moins
prononcée que la distance marquée dans ces pages à l'égard
d'un autre philosophe judéo-chrétien, Henri Bergson. Des
Deux sources de la morale et de la religion de ce dernier,
Levinas note au passage qu'en privilégiant le christianisme
historique (quoique dans ses formes les plus dynamiques
et mystiques), il est beaucoup moins hésitant que Spinoza.
Suivant l'analyse de Zac, Levinas rappelle que Spinoza
interprète le judaïsme comme une « religion d'État » et le

---

1. *Ibid.*, p. 182-183.

christianisme comme une « religion de l'individu », tout en ne laissant aucun doute sur le fait que « l'universalisme chrétien est resté pure prétention »[1]. Il n'en va pas ainsi chez Bergson. D'où Levinas conjecture : « Bergson a-t-il eu sur ce point d'autres maîtres que Spinoza pour oublier le tout dernier point[2] ? »

---

1. *Ibid.,* p. 175, n. 1.
2. *Ibid.* Voir aussi Sylvain Zac, « Thèmes spinozistes dans la philosophie de Bergson », in *Études bergsoniennes,* vol. VIII (Paris, Puf, 1968), p. 123-158.

8. – *Les deux sources de la « machine théologique »* : *mécanique et mysticisme chez Henri Bergson et Jacques Derrida*

Dans *FOI ET SAVOIR*, Derrida ne se réfère pas seulement au texte de Hegel qui porte le même titre (*Glauben und Wissen*), il revient aussi sur les prémisses conceptuelles du Kant de *La Religion dans les limites de la simple raison*[1] et, de manière peut-être encore plus significative, il mentionne un autre livre (« latin » comme il le nomme) : *Les Deux sources de la morale et de la religion*, publié par Henri Bergson en 1932. Il s'agit du dernier livre de Bergson qui parut, comme le rappelle Derrida, « entre les deux guerres mondiales et à la veille d'événements dont on sait qu'on ne sait pas encore les penser, et auxquels aucune religion, aucune institution religieuse au monde ne fut étrangère ou ne survécut *indemne, immune, saine* et *sauve*[2] ».

---

1. Cf. le premier chapitre de mon *Religion et Violence*.
2. Jacques Derrida, *Foi et savoir*, Paris, Éditions du Seuil, 2000, p. 63.

Comme pour le Kant de *La Religion dans les limites de la simple raison* et comme pour nous « aujourd'hui », Derrida le souligne, la question centrale pour Bergson – « ce grand judéo-chrétien » – semble être celle de « penser la religion, la possibilité de la religion, et donc de son retour interminablement inéluctable ». Du titre de Bergson, rappelé et mimé, comme le sont ceux de Kant et de Hegel, dans le choix attentif des mots de « Foi et Savoir. Les deux sources de la "religion" dans les limites de la simple raison », Derrida passe presque immédiatement au passage célèbre qui conclut le livre, passage qu'il cite et interprète de manière remarquable et quelque peu énigmatique :

> Déjà en parlant de ces notes [les aphorismes qui constituent « Foi et savoir » HdV] comme d'une machine, j'ai été ressaisi par un désir d'économie : désir d'attirer, pour faire vite, la fameuse conclusion des *Deux Sources*… vers un autre lieu, un autre discours, une autre mise argumentative. Celle-ci pourrait toujours être, je ne l'exclus pas, une traduction détournée, une formalisation un peu libre. On se rappelle ces derniers mots…[1]

J'aimerais citer le passage en entier. Bergson écrit :

> L'humanité gémit, à demi écrasée sous le poids des progrès qu'elle a faits. Elle ne sait pas assez que son avenir dépend d'elle. À elle de voir d'abord si elle veut continuer à vivre. À elle de se demander ensuite si elle veut vivre seulement, ou fournir en outre l'effort nécessaire pour que s'accomplisse, jusque sur notre planète réfractaire, la fonction essentielle de l'univers, qui est une machine à faire des dieux[2].

---

1. *Ibid.*, p. 63-64.
2. Henri Bergson, *Les Deux sources de la morale et de la religion* (Paris, Presses Universitaires de France, 1997), p. 338.

Qu'est-ce que cela peut bien vouloir dire ? Une partie de la réponse se trouve dans l'équivalence entre le « mystique » et le « mécanique » – dans leur implication réciproque – que Bergson analyse juste avant le passage cité. Cette co-implication ne dépend pas d'un processus supposé de rationalisation croissante, nourri par les tendances de la pensée à l'abstraction et à la formalisation qui, de manière tragique, serait pris dans une logique paradoxale de réification et de mystification (comme Max Weber et l'École de Francfort l'ont soutenu dans leur analyse de la logique culturelle du capitalisme et dans la dialectique de Lumières qui en résulte)[1]. Au lieu de déplorer le renversement du désenchantement dans un ré-enchantement, Bergson avance l'hypothèse d'une certaine identité du mystique et du mécanique à la source – c'est-à-dire de la religion dans son plus haut dynamisme et de la technologie, à vrai dire même des médias les plus nouveaux. Non seulement pour Bergson « il n'est pas douteux que les premiers linéaments de ce qui devait être plus tard le machinisme se soient dessinés en même temps que les premières aspirations à la démocratie »[2], mais cette « parenté » devient « pleinement visible »[3] à l'époque des Lumières, au XVIIIe siècle. Au lieu de craindre, comme Max Weber et les néo-marxistes de l'École de Francfort, « un nouveau polythéisme de valeurs incompatibles », Bergson est ouvert aux nouveautés que l'univers peut encore bien avoir en réserve pour nous, – bien

---

1. Cf. la première partie de mon *Minimal Theologies : Critiques of Secular Reason in Adorno and Levinas*, Baltimore, Londres, The Johns Hopkins University Press, 2004, trad. par Geoffrey Hale.
2. Bergson, *Les Deux sources de la morale et de la religion*, p. 328.
3. *Ibid.*

au-delà du projet démocratique dans ses formes anciennes et nouvelles, mais pas nécessairement incompatibles avec celle-ci, si seulement nous faisons preuve d'inventivité :

> L'homme ne se soulèvera au-dessus de terre que si un outil-lage puissant lui fournit le point d'appui. Il devra peser sur la matière s'il veut se détacher d'elle. En d'autres termes, la mystique appelle la mécanique. On ne l'a pas assez remarqué, parce que la mécanique… a été lancée sur une voie au bout de laquelle étaient le bien-être exagéré et le luxe pour un certain nombre, plutôt que la libération de tous. Nous sommes frappés du résultat accidentel, nous ne voyons pas le machinisme dans ce qu'il devrait être, dans qui en fait l'essence… il y faudrait de nouvelles réserves d'énergie potentielle, cette fois morale. Ne nous bornons donc pas à dire… que la mystique appelle la mécanique. Ajoutons que… la mécanique exigerait une mystique. Les origines de cette mécanique sont peut-être plus mystiques qu'on ne le croirait ; elle ne retrouvera sa direction vraie, elle ne rendra des services proportionnés à sa puissance, que si l'humanité qu'elle a courbée encore davantage vers la terre arrive par elle à se redresser, et à regarder le ciel[1].

Je n'essaierai pas de sur-interpréter ce texte, aussi énig-matique que la conclusion des *Deux sources* que Derrida choisit de citer et de radicaliser. Je voudrais remarquer seule-ment deux points. D'abord, pour Bergson la co-implication du mystique et du mécanique est fondée sur le fait que la technologie est, pour ainsi dire, interne à la problématique du corps et de l'esprit. De ce point de vue, la perversion de la mécanisation et de ses effets – pervers, mais pas moins majeurs, « spéciaux » – devient pour Bergson une question de simple ajustement (un point sur lequel ni Max Weber, ni l'École de Francfort, ni – il me semble – Derrida pourraient

---

1. *Ibid.*, p. 329-331.

être en accord, étant donné leur conviction du caractère paradoxal, aporétique de la modernité) :

> Si nos organes sont des instruments naturels, nos instruments sont par là même des organes artificiels. L'outil de l'ouvrier continue son bras ; l'outillage de l'humanité est donc un prolongement de son corps… Une impulsion spirituelle avait peut-être été imprimée au début : l'extension s'était faite automatiquement, servie par le coup de pioche accidentel qui heurta sous terre un trésor miraculeux. Or, dans ce corps démesurément grossi, l'âme reste ce qu'elle était, trop petite maintenant pour le remplir, trop faible pour le diriger. D'où le vide entre lui et elle. D'où les redoutables problèmes sociaux, politiques, internationaux, qui sont autant de définitions de ce vide et qui, pour le combler, provoquent aujourd'hui tant d'efforts désordonnés et inefficaces… Le corps agrandi attend un supplément d'âme[1].

Très proche de Spinoza[2], Bergson semble suggérer que nous ne savons pas encore ce que peut un corps – notre corps, mais peut-être aussi la collectivité de nos corps, ou notre corps politique. Derrida par contre, dans sa tentative de déplacer les prémisses théologico-politiques – et peut-être même le concept – de souveraineté, cherche une nouvelle figure du corps au-delà de toute notion quasi biologique de filiation, qu'il s'agisse de celle du corps mystique ou de sa version moderne du corps politique, de la fraternité etc. La place et la fonction du corps sont remplacées par celle du *demos*, considéré non plus comme l'expression pleine et universelle de l'humanité, en particulier comme

---

1. *Ibid.*, p. 330.
2. Cf. Pierre Trotignon, « Bergson et Spinoza », in Olivier Bloch, éd., *Spinoza au XXe siècle*, Paris, Puf, 1993, p. 3-12.

« l'aspiration vers l'amour » propre à la vie, à l'élan vital, mais plutôt comme

> *à la fois* la singularité incalculable de quelqu'un, avant tout « sujet », la possibilité de défaire le lien social à travers un secret à respecter, au-delà de la citoyenneté, au-delà de tout « État », et même de tout « peuple », au-delà même de la définition actuelle d'un être vivant comme être « humain », *et* l'universalité d'un calcul rationnel, de l'égalité des citoyens devant la loi, le lien social d'un être ensemble, avec ou sans contrat, etc.[1].

Ce lien renvoie à une notion de force et de pouvoir, à une « -cratie », qui ne s'identifie plus à une « pression sociale » instinctuelle, comme c'est le cas dans la conception bergso-nienne de « l'obligation morale », ni même simplement à la loi, mais plutôt à un concept de « justice » qui excède les limites de l'idée régulatrice au sens kantien (ou habermas-sien ou rawlsien) du terme. Bien entendu, une telle notion d'une démocratie à venir, jamais présente – et en un sens non-présentable et non représentative – ne peut plus au bout du compte être considérée comme un « régime poli-tique »[2], comme elle l'a été dans le monde gréco-chrétien et latin. En effet, conjurant presque toute la construction théo-logico-politique médiévale de « deux corps du roi » (Ernst Kantorowicz), Derrida nous rappelle que :

> devenant consubstantiellement politique dans cette tradi-tion gréco-chrétienne et mondia-latinisante, le démocratique paraît indissociable, dans la modernité d'après les Lumières,

1. Derrida, « Autoimmunity: Real and Symbolic Suicides – A Dialogue with Jacques Derrida », in Giovanna Borradori, ed., *Philosophy in a Time of Terror: Dialogues with Jürgen Habermas and Jacques Derrida*, Chicago et Londres, The University of Chicago Press, 2003, p. 85-136, 120.
2. *Ibid.*, p. 121.

d'une sécularisation ambiguë (et la sécularisation est toujours ambiguë parce qu'elle s'affranchit du religieux tout en restant marquée, dans son concept même, par le religieux, par le théologique, voire par l'onto-théologique)[1].

Mais alors une démocratie « à venir » ne peut absolument pas signifier une démocratie future, une démocratie qui sera un jour présente ; au contraire, la force « minimale » de cette notion – le « messianisme faible », comme le disait Benjamin – serait celle d'une « promesse qui risque, et qui doit toujours risquer, de se pervertir en une menace »[2].

Ceci nous reconduit à la position différente de Bergson et à ma deuxième remarque. Puisque le résultat de l'ajustement d'un corps plus large et d'une âme plus grande que nous avons déjà rencontré a un ton particulier, encore une fois spinoziste :

> la joie opposée au « luxe », au « plaisir », au « confort »… on se rappellera de la distinction finale du livre V [de *l'Éthique*] serait en effet la simplicité de vie que propagerait dans le monde une intuition mystique diffusée, joie encore celle qui suivrait automatiquement une vision d'au-delà dans une expérience scientifique élargie[3].

Ici, une certaine pureté non divisée de l'élan vital semblerait se disséminer sans être dérangée, affectée par la médiation technologique, même si elle trouve son origine dans la « mystique » des quelques individus géniaux (héros, prophètes, saints, et notamment dans la tradition chrétienne). Bergson écrit, il est vrai, qu'il faut se demander si l'esprit de l'invention suscite nécessairement des besoins

---

1. Derrida, *Voyous*, Paris, Galilée, 2003, p. 51.
2. Derrida, « Autoimmunity: Real and Symbolic Suicides », p. 120.
3. Bergson, *Les Deux sources de la morale et de la religion*, p. 338.

artificiels, ou si ce ne serait pas le besoin artificiel qui aurait orienté ici « l'esprit d'invention, » mais il ajoute immédiatement que la deuxième hypothèse est « de loin la plus probable »[1]. Puisque, comme on le verra par la suite, il n'est pas exclu que la reproduction mécanique du sens ne soit précisément pas ce qui le protège en même temps qu'elle semble le menacer, selon une « logique auto-immunitaire ».

Pourquoi Derrida rapproche les titres de Kant et de Bergson ensemble dans son propre sous-titre, tout en sachant très bien que Bergson considérait son projet philosophique comme radicalement anti-kantien (il en témoigne, parmi d'autres textes, la célèbre « Introduction à la métaphysique » publiée dans *La Pensée et le mouvant*) et, plus en général, qu'il entretenait des rapports complexes avec l'idéalisme allemand, notamment dans sa version hégélienne ? Plus important encore, en quel sens peut-on affirmer que le Bergson des *Deux Sources* – plus précisément dans les mots elliptiques de la fin du texte qui évoquent « la machine à fabriquer des dieux » – est peut-être plus crucial pour les intuitions de Derrida que le Kant de *La Religion dans les limites de la simple raison*, ou même le Hegel de *Foi et savoir* ?

Une raison pourrait être le « désir d'économie » dans l'ambition de rendre compte de la « résistance », de la « réaction » et du « ressentiment »[2] dans un registre qui ne serait pas simplement psycho-dynamique, psychanalytique, ni même celui de la psychologie de masses, et de le faire à l'aide d'un modèle énergétique ou quasi biologique alternatif, modèle fondé sur une « antinomie interne-externe non

1. *Ibid.*, p. 324.
2. Derrida, *Foi et savoir*, p. 70.

dialectisable »[1]. Comme si le souci de Bergson était celui de Derrida lui-même, nous pouvons lire dans « Foi et savoir » que « [l]a réaction à la machine est aussi automatique (et donc machinale) que la vie même »[2]. En effet, la distinction au moins analytique entre la machine et la « spontanéité vivante »[3] semble guider l'ensemble du texte de Derrida. Ce qui résiste et réagit n'est pas extérieur à ce qui fait résister et réagir, mais le fruit d'une « contagion inéluctable » en fonction de laquelle « aucune cellule sémantique ne peut rester étrangère »[4]. C'est le rôle de la logique auto-immunitaire, dont *pharmakon* était un « autre nom, un nom ancien » ; Derrida suggère qu'on peut la voir à l'œuvre virtuellement partout, mais nulle part plus clairement que dans l'époque présente, époque de « terreur », c'est-à-dire de

> l'inévitable perversion des avancées techno-scientifiques, (la maîtrise sur les êtres vivants, l'aviation, les nouvelles technologies de l'information, l'e-mail, l'internet, les téléphones portables, etc.) en armes de destruction massive, en « terrorismes » de tout genre. Perversions qui arrivent d'autant plus vite que le progrès en question est tout d'abord un progrès dans la vitesse et le rythme[5].

Bien au-delà d'une différence dans l'esprit du temps et dans le climat politique – qui par elle-même aurait suffi à conduire les mots de Bergson « vers un autre lieu, un autre discours, d'autres enjeux argumentatifs » –, Derrida ne présuppose pas une simplicité de (ou à) la source, ni postule

---

1. Derrida, *Voyous*, p. 60.
2. Derrida, *Foi et savoir*, p. 70.
3. *Ibid.*, p. 71.
4. *Ibid.*, p. 48.
5. Derrida, « Autoimmunity: Real and Symbolic Suicides », p. 124.

une indivisibilité, initiale ou finale, de l'élan vital ou, plutôt, de la « spontanéité vivante », dont il affirme, au contraire, la nature originairement double et « elliptique ». Plus important, la double source de la religion, malgré le fait qu'elle soit centrée sur le concept de vie, est néanmoins traversée par ce que Derrida appelle « l'instance du non-vivant », du « mort dans le vivant ». Plus précisément, c'est avec une certaine insistance, formalisable, *technique* et *mécanique* (répétition, régularité) que la religiosité du religieux aspire à ce que dans la vie transcende la vie, à ce que dans la valeur absolue de la vie est plus que cela ; à ce qui est « au-delà du vivant présent[1] ». Selon Derrida, la source duelle de la religion (et de la morale, du politique etc.), c'est-à-dire de sa « pression » et de son « aspiration », ne peut être considérée « d'essence biologique[2] » et ne peut être expliquée par une métaphysique ou une nouvelle philosophie de la vie. Ce n'est pas par hasard donc que la « possibilité de la religion » est comprise comme le « lien » entre la valeur absolue de la vie – du moins dans sa « dignité » kantienne et son hypostase bergsonienne – d'une part, et, d'autre part, la « machine théologique », la « machine à faire des dieux » (avec laquelle Bergson, de manière surprenante, termine son livre)[3].

Enfin, le concept derridien de réaction, de résistance – « revanche » ou, plus généralement, d'auto-immunité ne relève pas du modèle biologique de la dichotomie et de la bifurcation sur lequel Bergson fonde sa compréhension de

---

1. *Ibid.*, p. 79.
2. Bergson, *Les Deux sources de la morale et de la religion*, p. 103.
3. Derrida, *Foi et savoir*, p. 79-80.

l'évolution créatrice et de ses « mouvements en spirale »[1]. Il est vrai, Bergson caractérise, un peu comme Derrida, le premier surgissement de la religion (« primitive » et « statique ») comme « *une réaction défensive de la nature contre le pouvoir dissolvant de l'intelligence* »[2]. Il cherche aussi un lien entre la religion et l'automatisme et la technologie, comme l'indique la dernière partie de son livre, entre « le mysticisme et le mécanique », tout comme il prend en compte la relation de la religion et du politique, à vrai dire du théologico-politique, en impliquant que le mysticisme, sinon nécessairement le « vrai mysticisme », se révèle à (et comme) la source de la colonisation et de la décolonisation, de l'impérialisme et du nationalisme, de la souveraineté et de la démocratie.

Le mysticisme, comme (et au-delà de) la religion « dynamique », est une force qui pousse comme l'élan vital lui-même an avant la société « ouverte » ; il nous force à considérer « l'humanité » et son au-delà (animalité, cosmos) autrement que dans le cercle, même large, de groupes identitaires et communautaires (famille, ville, nation etc.) qui restent, malgré leur degré relatif d'inclusion, fondés sur des principes et de pratiques d'exclusion.

Plus en général, et peut-être de manière plus importante, le mysticisme ouvrirait la source même ou le « fond de sociabilité, et aussi d'insociabilité » qui « apparaîtrait à notre conscience si la société constituée n'avait mis en nous les habitudes et dispositions qui nous adaptent à elle. Nous n'en avons plus la révélation que de loin et de

---

1. Bergson, *Les Deux sources de la morale et de la religion*, p. 311.
2. *Ibid.*, p. 127.

loin, dans un éclair. Il faudra la rappeler et la fixer »[1]. On pourrait l'interpréter comme le moment – parfois monumental, parfois banal – d'une certaine réserve, d'un certain retrait qui constitue la possibilité du jugement politique (d'approbation ou de désapprobation) : « l'ancien état d'âme » – qu'on retrouve, dans son « schéma simple » dans l'étude des « primitifs », des « enfants » et, surtout, dans « l'introspection »

> subsiste, dissimulé sous des habitudes sans lesquelles il n'y aurait pas de civilisation. Refoulé, impuissant, il demeure pourtant dans les profondeurs de la conscience. S'il ne va pas jusqu'à obtenir des actes, il manifeste par des paroles. Dans une grande nation, des communes peuvent être administrées à la satisfaction générale ; mais quel est le gouvernement que les gouvernés se décideront à déclarer bon ? Ils croiront le louer suffisamment quand ils diront que c'est le moins mauvais de tous, et en ce sens seulement le meilleur[2].

Si nous étions capables de garder à l'esprit le vrai mysticisme, nous nous rendrions compte de son incompatibilité avec la domination et l'impérialisme qui caractérisent le corps politique, à l'intérieur et à l'extérieur, mais nous serions aussi conscients du fait qu'un tel mysticisme « ne saurait se répandre sans encourager une "volonté de puissance" très particulière. Il s'agira d'un empire à exercer, non pas sur les hommes, mais sur les choses, précisément pour que l'homme n'en ait plus tant sur l'homme »[3].

Il y a pourtant quelque chose d'intrinsèquement instable et dérangeant dans la logique propre de l'instinct,

---

1. *Ibid.*, p. 292.
2. *Ibid.*, p. 292-293.
3. *Ibid.*, p. 332.

de l'intellect et de la volonté – des instances, en somme, de l'action et de la liberté. Bergson affirme que « toute action prolongée dans un sens amènerait une réaction en sens contraire », pour ajouter ensuite : « Puis elle reprendrait, et le pendule oscillerait indéfiniment[1]. » Mais la nature de ces « alternances de flux et de reflux »[2] est interprétée en d'autres termes et selon une loi – et tendance – de la vie complètement différente : il s'agit d'une « loi » dont la « tendance vitale est de se développer en forme de gerbe, créant, par le seul fait de sa croissance, des directions divergentes entre lesquelles se partagera l'élan »[3]. Et, Bergson ajoute :

> Cette loi n'a rien de mystérieux. Elle exprime seulement le fait qu'une tendance est la poussée d'une multiplicité indistincte, laquelle n'est d'ailleurs indistincte, et n'est multiplicité, que si on la considère rétrospectivement, quand des vues diverses prises après coup sur son indivision passée la composent avec des éléments qui ont été en réalité par son développement[4].

Même s'il n'y a « rien de mystérieux » ici, puisque la source, l'élan vital, est fondamentalement, à l'origine, « non-divisé » et un (sinon le « Même »), Bergson n'a pas de doutes que cette tendance projette la vie dans des directions imprévisibles : « Une intelligence, même surhumaine, ne saurait dire où l'on sera conduit, puisque l'action en marche crée sa propre route, crée pour une forte part les conditions où elle s'accomplira, et défie ainsi le calcul[5]. »

---

1. *Ibid.*, p. 311.
2. *Ibid.*
3. *Ibid.*, p. 313.
4. *Ibid.*
5. *Ibid.*, p. 315.

Les références elliptiques en conclusion du chapitre « Mécanique et mystique » aux « manifestations télépathiques, » à « l'immensité de la *terra incognita* » qui reste pour « nous » à « deviner », et à la perspective d'être une fois (dans nos vies ?) capables de « convertir en réalité vivante et agissante une croyance à l'au-delà qui semble se rencontrer chez la plupart des hommes, mais qui reste le plus souvent verbale, abstraite, inefficace »[1] – toutes ces spéculations courageuses, même sauvages, qui précèdent immédiatement la phrase sur la « fonction essentielle » de l'univers comme étant celle d'une « machine pour fabriquer des dieux » – soulignent la possibilité que la tragédie, le désespoir et le « plaisir » soient surmontés par la « joie » ; c'est-à-dire par la « simplicité de vie que propagerait dans le monde une intuition mystique diffusée, joie encore celle qui suivrait automatiquement une vision d'au-delà dans une expérience élargie »[2].

Selon Derrida, il y aurait une scansion interminable entre les processus simultanés d'abstraction (pour le meilleur et pour le pire, pour le bien ou pour le mal le plus radical) d'une part et, d'autre part, une « re-immanentisation anthropologique » : chaque moment, chaque mouvement, réagissant à l'autre – c'est-à-dire lui résistant. « Hétérogènes », les deux mouvements sont aussi « indissociables », cela voulant dire que leur relation est gouvernée par une contradiction irréductible et par un écart qu'on ne peut pas combler, qui peuvent être « résolus » seulement par une « décision » ou par une « responsabilité », par un saut ou, plutôt, par un « acte de foi » qui seuls peuvent les rendre

1. *Ibid.*, p. 337-338.
2. *Ibid.*, p. 338.

vivables (ou rendre la vie digne d'être vécue). S'ouvrir à la venue de l'autre, à la « spontanéité de la vie », à la possibilité impossible d'un « vivre-avec » implique nécessairement de donner une réponse déterminée, de « donner quelque *chose* de déterminé ». Cette « détermination », ajoute Derrida,

> devra réinscrire l'inconditionnel dans certaines conditions. Autrement, il ne donne rien. Ce qui reste inconditionnel ou absolu (*unbedingt*, si on veut) risque de n'être rien du tout si les conditions (*Bedingungen*) n'en font pas quelque chose (*Ding*). Les responsabilités politiques, juridiques et éthiques ont leur place, si elles en ont une, seulement dans cette transaction – qui est chaque fois unique, comme un événement – entre… l'inconditionnel et le conditionnel[1].

La réification (*Verdinglichung*, si on veut) – mais aussi la sédimentation, l'incarnation, la cristallisation, l'institutionnalisation, l'archive, la matérialisation et même, si on peut oser l'ajouter, la banalisation, la profanation et la naturalisation – sont au cœur de la foi même la plus réfléchie, la plus réservée, la plus dépouillée, la plus minimale. Malgré sa globalisation, la foi demande cette inscription locale : une traduction et une trahison.

Comment faut-il penser la place de la répétition dans cette économie générale du divin, dont les effets salutaires – mais aussi infernaux, de terreur – tendent à devenir indiscernables ? Comment faut-il penser la « répétition » si la temporalité et/ou le rythme de l'auto-immunisation est celui de l'instant, de l'instantanéité, de la presque simultanéité ?

Il n'y a pas de réponse facile à une telle question, ni dans Bergson, ni dans Derrida. J'ai essayé seulement de montrer

---

1. Derrida, « Autoimmunity: Real and Symbolic Suicides », p. 130.

la résonance frappante entre les deux interprétations alternatives – ni compatibles ni simplement incompatibles – du rapport entre « mysticisme et mécanique », « foi et technoscience » ; toutes deux étant inscrites dans un concept du vivant – de l'élan vital et de la « spontanéité vivante », du « vivre ensemble » – qui n'est ni vitaliste, dans le sens métaphysique du terme, ni biologique dans le sens scientifique ou scientiste du terme, mais qui néanmoins assume des proportions cosmiques, universelles, mondaines et globales dont nous ne comprenons pas encore toutes les implications.

Or, Bergson semble aller dans cette direction quand il évoque une perspective qui ne serait pas simplement morale ou religieuse, mais essentiellement « métaphysique » en se demandant :

> Comment… l'humanité tournerait-elle vers le ciel une attention essentiellement fixée sur la terre ? Si c'est possible, ce ne pourra être que par l'emploi simultané ou successif de deux méthodes très différentes. La première consisterait à intensifier si bien le travail intellectuel, à porter l'intelligence si loin au-delà de ce que la nature aurait voulu pour elle, que le simple outil cédât la place à un immense système de machines capable de libérer l'activité humaine, politique et sociale qui assurât au machinisme sa véritable destination[1].

Suivre une telle méthode, Bergson l'admet, serait un « moyen dangereux, car la mécanique, en se développant, pourra se retourner contre la mystique : même, c'est en réaction apparente contre celle-ci que la mécanique se développera le plus complètement. Mais il y a des risques qu'il faut courir… »[2].

---

1. Bergson, *Les Deux sources de la morale et de la religion*, p. 249.
2. *Ibid.*, p. 249-250.

La deuxième méthode – « successive », mais aussi « très différente » – consisterait dans le fait de « ne pas rêver pour l'élan mystique une propagation générale immédiate [...], mais de la communiquer, encore que déjà affaibli, à un petit nombre de privilégiés qui formerait ensemble une société spirituelle »[1]. Cela n'exclut pas que la « religion », et en particulier le christianisme, puisse diffuser le mysticisme et contribuer à « une vulgarisation noble », tout comme le mysticisme joue le rôle d'« une intensification de la foi religieuse »[2]. En effet, même si la conception judéo-chrétienne de Bergson semble pencher d'un côté bien précis, il n'hésite pas à remarquer que « le christianisme, qui prit la suite du judaïsme, dut en grande partie aux prophètes juifs d'avoir un mysticisme agissant, capable de marcher à la conquête du monde[3] ».

Cette deuxième possibilité envisagée par Bergson semble largement étrangère à l'horizon de Derrida, à moins de prendre en compte ses analyses de la voie apophatique et le fait que celle-ci est prise dans une problématique du secret, qui n'a rien à voir avec l'élection, mais avec l'initiation au secret, même s'il s'agit d'un secret dont on ne peut jamais exclure ou éviter la diffusion ; à moins, aussi, de ne pas vouloir prendre en compte son concept et sa politique d'une amitié dénaturalisée et défamiliarisée, basée sur une limitation du nombre, sinon sur une petite « société spirituelle ». Or, dans la première possibilité l'automaticité, la mécanicité et la technicité ne doivent pas être considérées comme ce qui éloigne de l'intégrité et de l'authenticité de la

---

1. *Ibid.*, p. 250.
2. *Ibid.*, p. 253.
3. *Ibid.*, p. 255. Cf. Henri Gouhier, *Bergson et le Christ des évangiles*, Paris, Fayard 1962, Vrin, 1987, 1999.

foi, de la croyance et de la moralité, encore moins comme ce qui les remplacent, comme un équivalent fonctionnel. Bergson et Derrida analysent un rapport beaucoup plus complexe entre le processus de mécanisation – mais aussi de circulation, formalisation, marchandisation, fétichisation etc. – d'une part, et, d'autre part, celui de l'authentification ou, comme le dit Derrida, de la « vérification ».

De manière analogue, Bergson écrit que nous ne devons pas « déprécier des religions, qui, nées du mysticisme, ont généralisé l'usage de ses formules sans pouvoir pénétrer l'humanité entière de la totalité de son esprit. Il arrive à des formules presque vides de faire surgir ici ou là, véritables paroles magiques, l'esprit capable de les remplir »[1].

Selon Derrida, la logique et la rhétorique du théologico-politique semblent fonctionner de manière analogue. Pour le bien et pour le mal, puisque le meilleur et le pire peuvent encore passer par la veille, jusqu'ici interminable, du religieux, du mysticisme, et de tout ce qui en tient la place. Dans les termes de Derrida :

> On ne peut pas dire que l'humanité est sans défenses contre la menace de ce mal [c'est-à-dire l'effet pervers de la logique auto-immunitaire]. Mais il faut reconnaître que les défenses et toutes les formes de ce qu'on appelle, de manière problématique, la « guerre au terrorisme » travaillent pour recréer, à court ou à long terme, les causes de ce même mal qu'elles prétendent vouloir éradiquer[2].

Le mal indéracinable, l'effet pervers, appartiendrait ainsi à l'essence ou à la structure – et à la vie – de la perfectibilité et du perfectionnisme moral et politique comme tel.

---

1. Bergson, *Les Deux sources de la morale et de la religion*, p. 227-228.
2. Derrida, « Autoimmunity: Real and Symbolic Suicides », p. 100.

Conclusion

*I*L SE PEUT QUE nous vivions à une époque où il faut réapprendre à penser ainsi qu'à vivre que tout est toujours « possible » – *ab initio*, voire *in toto* –, y compris ce que nous considérons comme l'« impossible » ; ou, plus précisément, que nous soyons témoins d'une époque où, pour le meilleur et pour le pire, tout ce qui, à juste titre, nous semble être « impossible » dans son essence ou dans sa structure, jusqu'à ce moment précis, « aura été » – un jour et en fait, bien qu'étrangement – « possible », comme le disait Bergson en utilisant le futur antérieur pour se rapporter à chaque occasion métaphysique et pragmatique de l'émergence du nouveau. Les miracles vrais et faux, les événements ainsi que les effets dits spéciaux, strictement parlant, obéissent à ce « dynamisme » et à cette « ouverture », pour ne pas dire à cette « mystique ». De la « démocratie elle-même » ils « produisent », comme le suggère aussi Levinas, les « conditions ».

Or, ne pourrait-on pas dire que la « loi du possible »,
c'est-à-dire de tout possible en tant que soumis à une loi, a
à son tour atteint une limite ? La « loi du possible » au sens
fort du terme, impliquant toutes les conditions du possible
– transcendantales et ontologiques – que la philosophie
moderne est arrivée à assumer, postuler et déterminer
comme les vraies limites de notre expérience (et, en somme,
de tout ce que pouvons penser et devrions faire, scientifi-
quement et axiologiquement parlant). Est-ce que le miracle
et la croyance aux miracles indiquent un « hors-la-loi », en
deçà ou au-delà de toute loi, un « hors-la-loi » qui serait
instantané, événementiel et révélateur ou révolutionnaire
dans le meilleur des cas ? S'il en est ainsi, la même conclusion
que celle tirée à propos de la « loi du possible » s'impose-
rait à propos de « l'art du possible » auquel le concept du
politique ainsi que la politique quotidienne, voire le pragmatisme réaliste, qu'il est censé guider – et qu'il limite à
nouveau, inévitablement – ont été trop souvent associés.

Si les miracles arrivent pour le pire et pour le meilleur,
au-delà du bien et du mal, la raison en est, sans doute, qu'ils
définissent de nouveaux critères pour penser, agir et juger.
Et ce, qu'ils soient des miracles positifs ou négatifs, qu'ils
soient infiniment improbables ou tout simplement imprévisibles ; et ce, quel que soit le degré auquel ils relèvent de
l'« impossible » (en tant que « spéciaux » plutôt qu'« excep-
tionnels »). On pourrait dire encore, qu'ils nous apprennent
à penser, agir et juger sans critères – pour « commencer »
(c'est là le sort de chaque vrai commencement, de toute
naissance proprement dite). Le moins que l'on puisse dire,
c'est que les miracles, bons et mauvais, faute de cause et
de condition ou de *telos*, émergent et subsistent sous un

nouveau régime, sous un autre registre, sinon une nouvelle loi, qui gouverne leur statut et leur efficacité. C'est sous un tel régime (registre ou loi) qu'ils « auront été possibles », paradoxalement, mais à condition que nous fassions de notre mieux en sauvant les phénomènes en question (à moins que ne se produisent les cas opposés, au moins aussi fréquents, les pires inclus – lorsque nous nous absentons de toute responsabilité).

L'auteur

Hent de Vries, né en 1958, a obtenu sa thèse en philosophie de la religion à l'Université de Leyde et a longuement enseigné en tant que titulaire de la Chaire de Métaphysique et de Son Histoire du département de philosophie à l'Université d'Amsterdam avant de partir pour les États-Unis, où il a enseigné à Johns Hopkins University et dirigé le Humanities Center, à Baltimore (Maryland). Professeur invité à Princeton et l'Université Hébraïque de Jérusalem, ancien Directeur des Programmes du Collège International de Philosophie à Paris, il est actuellement le « Paulette Goddard Professor of the Humanities » à New York University et le Directeur de la School of Criticism and Theory (SCT) à Cornell University, Ithaca. Son enseignement et ses recherches se concentrent sur les rapports entre religion, théologie et philosophie, d'une part, et entre celles-ci et les questions politiques et juridiques, d'autre part. Son livre *Religion et violence. Perspectives philosophiques de Kant à Derrida* est paru en 2013 aux Éditions du Cerf et son ouvrage *Miracles et métaphysique* paraîtra aux Presses Universitaires de France. Ce dernier livre réunira les six Leçons données en mars 2018, dans le cadre de la Chaire de métaphysique Étienne Gilson de l'Institut Catholique de Paris.

Achevé d'imprimer en décembre 2018
par la Société TIRAGE
pour le compte des éditions Les Belles Lettres
collection « encre marine »
selon une maquette fournie par leurs soins.
Dépôt légal : janvier 2019
ISBN : 978-2-35088-156-0

catalogue disponible sur :
www.encre-marine.com